A MENTE IMPRUDENTE

MARK LILLA

A MENTE IMPRUDENTE

OS INTELECTUAIS NA ATIVIDADE POLÍTICA

Tradução de
CLÓVIS MARQUES

1ª edição

EDITORA RECORD
RIO DE JANEIRO • SÃO PAULO
2017

CIP-BRASIL. CATALOGAÇÃO NA PUBLICAÇÃO
SINDICATO NACIONAL DOS EDITORES DE LIVROS, RJ

L695m
Lilla, Mark
A mente imprudente: os intelectuais na atividade política / Mark Lilla; tradução de Clóvis Marques. - 1ª ed. - Rio de Janeiro: Record, 2017.

Tradução de: The reckless mind: intellectuals in politics
ISBN: 978-85-01-11132-6

1. Política – Intelectuais – Europa – História – Século XX.
2. Europa – História – Século XX. 3. Europa – Vida intelectual.
I. Marques, Clóvis. II. Título.

17-42283

CDD: 940.253
CDU: 94(4)"20"

Copyright © NYRV, Inc., 2001

Título original em inglês: The reckless mind: intellectuals in politics

Todos os direitos reservados. Proibida a reprodução, armazenamento ou transmissão de partes deste livro, através de quaisquer meios, sem prévia autorização por escrito.

Texto revisado segundo o novo Acordo Ortográfico da Língua Portuguesa.

Direitos exclusivos de publicação em língua portuguesa para o Brasil adquiridos pela
EDITORA RECORD LTDA.
Rua Argentina, 171 – 20921-380 – Rio de Janeiro, RJ – Tel.: (21) 2585-2000, que se reserva a propriedade literária desta tradução.

Impresso no Brasil

ISBN 978-85-01-11132-6

Seja um leitor preferencial Record.
Cadastre-se em www.record.com.br e receba informações sobre nossos lançamentos e nossas promoções.

Atendimento e venda direta ao leitor:
mdireto@record.com.br ou (21) 2585-2002.

Para Daniel Bell

Sumário

Prefácio		9
Capítulo I:	Martin Heidegger Hannah Arendt Karl Jaspers	13
Capítulo II:	Carl Schmitt	49
Capítulo III:	Walter Benjamin	73
Capítulo IV:	Alexandre Kojève	101
Capítulo V:	Michel Foucault	121
Capítulo VI:	Jacques Derrida	139
Epílogo:	A sedução de Siracusa	165
Posfácio:	*Sola fide*	185
Agradecimentos		195

Prefácio

J'aimerais mieux la lecture des vies particulières
pour commencer l'étude du coeur humain.
— Rousseau

Toda vida converge para algum centro.
— Emily Dickinson

Em 1953, o poeta polonês Czesław Miłosz, então desconhecido no Ocidente, publicou *Mente cativa*, um estudo sobre a maneira como os intelectuais da Polônia do pós-guerra se adaptavam à ortodoxia stalinista do materialismo dialético e do realismo socialista. A Guerra Fria estava no auge quando o livro foi lançado, o que lhe rendeu muita atenção e traduções para várias línguas. Mas *Mente cativa* não era um mero panfleto sobre a guerra fria. É até hoje um livro comovente e perturbador, sobretudo talvez porque Miłosz optou por tratar de casos comuns, e não dos mais extremos. Escritores que sofreram intimidação física ou foram presos não aparecem em suas páginas, tampouco os comissários e sátrapas que os perseguiam. Miłosz preferiu traçar os perfis de quatro escritores até bem-sucedidos, descrevendo detalhadamente suas trajetórias intelectuais e políticas na Polônia do pré-guerra (em geral na direita nacionalista e antissemita), suas experiências durante a guerra (não raro heroicas) e sua adaptação ao regime comunista imposto pela União Soviética. Em cada caso, Miłosz fixou-se num aspecto do caráter do escritor revelado já no início da vida, mostrando como determinou seus escritos posteriores e as oscilações do engajamento político. Ficamos conhecendo Alfa, "o moralista"; Beta, o niilista cujo "niilismo resulta de uma paixão ética, do amor decepcionado pelo mundo"; Gama, "o escravo da história"; e por fim o poeta Delta, "o trovador". Esses retratos podem ser lidos como documentos de um sombrio momento histórico, mas o que os torna memoráveis é a percepção das profundezas da psicologia humana neles evidenciada. Miłosz não moralizava, nem se apresentava como onisciente sobre o curso da história. (Depois da guerra, ele também vira esperança para o seu país no comunismo e serviu ao governo polonês como adido cultural em Washington e Paris até 1951, quando buscou asilo no Ocidente.) Seu objetivo era mostrar, por exemplo, o que acontece quando certas personalidades, quando certos tipos de mente são atirados no torvelinho da política.

Os retratos traçados por Miłosz são mortificantes. Mas, também, intrigantes. A história pregou uma peça nos pensadores e escritores que viviam por trás da Cortina de Ferro; alguns reagiram bem, resistindo às ameaças e tentativas de suborno dos tiranos o melhor que podiam, outros se juntaram ao coro. Nós que nunca nos vimos diante de escolhas dessa natureza não temos condições de julgar o que fizeram. Mas como explicar o fato de também terem existido coros de louvor à tirania em países onde os intelectuais não enfrentavam perigo e tinham liberdade de escrever o que queriam? O que os teria levado a justificar os atos dos tiranos modernos ou, caso mais frequente, negar qualquer diferença essencial entre a tirania e as sociedades livres do Ocidente? Regimes fascistas e comunistas foram recebidos de braços abertos por muitos intelectuais europeus ocidentais ao longo do século XX, assim como incontáveis movimentos de "libertação nacional" que imediatamente se transformaram em tiranias tradicionais, levando miséria a povos infelizes em todo o planeta. Em todo o século, a democracia liberal ocidental foi apresentada em termos diabólicos como a verdadeira morada da tirania — tirania do capital, do imperialismo, do conformismo burguês, da "metafísica", do "poder" e até da "linguagem". Os fatos raramente eram contestados; eram evidentes para todos que lessem jornais e tivessem algum senso de proporção moral. Não, algo mais profundo

PREFÁCIO

estava em ação na mente desses intelectuais europeus, algo temerário. Como funcionam essas mentes?, nós nos perguntamos. E o que buscam na política?

Este livro tenta tratar dessas questões e pode ser lido como um modesto complemento de *Mente cativa*. Não é um tratado sistemático, pois o que tem a dizer pode ser mais bem entendido pelo estudo de vidas intelectuais e políticas em situações históricas concretas. Muita coisa foi descrita no século passado sobre "responsabilidade intelectual", expressão destituída de sentido, e sobre a questão de saber se as ideias de um pensador podem ser separadas do uso político que delas faz. O que sempre me pareceu *une question mal posée*. Num certo nível, a resposta é "sim": a verdade das demonstrações de Euclides não é afetada pela maneira como tratava os criados. Mas um adulto sabe que pensadores sérios escrevendo sobre questões sérias não estão brincando com jogos de salão; escrevem do mais profundo de sua experiência, no empenho de se orientar no mundo. Suas obras e suas atividades, inclusive as atividades políticas, são traços deixados por essa busca. Se estamos em jornadas semelhantes, não podemos deixar de refletir sobre o que fizeram e por quê.

Muitos pensadores europeus do século XX poderiam ser escolhidos como tema de perfis filosófico-políticos. Optei por voltar a atenção para alguns cujo pensamento continua vivo para nós neste século, na esperança de que os leitores se convençam de que os problemas aqui tratados não se evaporaram em 1989. O fato de tantos admiradores desses pensadores continuarem a ignorar ou justificar sua temeridade política foi um fator a mais. Escolhi pensadores de ambos os lados do Reno, de ideologia tanto de esquerda como de direita, para mostrar que o fenômeno que representam não se limita a um país ou a uma tendência política. Quanto às lições que possam ser extraídas desses retratos, elas serão examinadas no posfácio, que os leitores são convidados a visitar depois de percorrer esta galeria.

Uma última palavra sobre os pensadores aqui tratados. Não é minha intenção nesses perfis críticos oferecer aos leitores uma desculpa para descartar essas figuras por estarem de certo modo além do limite da honestidade. Muito pelo contrário: eu mesmo me senti atraído por eles e ao longo dos anos aprendi com suas obras. Mas, à medida que aprendia com eles, minha decepção só aumentava, decepção que teve sua melhor expressão numa breve anotação de Karl Jaspers a respeito de Martin Heidegger e outros pensadores alemães que deram boas-vindas à tirania em 1933. Seu sentimento é também o meu.

> Apesar da distância que nos separa, sinto afeto por esses homens — tipos diferentes de afeto, já que são tão diferentes uns dos outros. Mas esse afeto jamais evolui para amor. É como se eu quisesse implorar--lhes que ponham a elevação de sua mente a serviço de melhores forças. A grandeza mental só se torna objeto de amor quando o poder que nela atua tem por sua vez um caráter nobre.

MARK LILLA

Capítulo I

MARTIN HEIDEGGER
HANNAH ARENDT
KARL JASPERS

QUE TEM A FILOSOFIA a ver com o amor? A darmos crédito a Platão, tudo. Embora nem todos os amantes sejam filósofos, os filósofos são os únicos verdadeiros amantes, pois só eles entendem o que o amor busca cegamente. O amor evoca em todos nós uma memória inconsciente da beleza das Ideias, e essa memória nos tira do sério; sentimo-nos tomados por um frenético anseio de casar e "procriar no belo", na bela formulação do *Simpósio* (209b). Os dotados de autocontrole acasalam intelectualmente e comungam com as Ideias, o que é o objetivo da filosofia, ao passo que os que dele não dispõem purgam suas paixões na carne e permanecem presos ao mundo.

Por nem sempre dar lugar à filosofia é que o desejo erótico deve ser tratado com o maior cuidado, ensina Platão. Quando eros é liberado numa pessoa imoderada, a alma mergulha no prazer sensual, no amor do dinheiro, na embriaguez e até na loucura. É tal a sua força que eros é capaz de sobrepujar nossa razão e nossos instintos naturais, direcionando-os para seus próprios fins e se transformando no tirano da alma. O que é a tirania política, pergunta Sócrates no relato de Platão na *República*, senão o domínio injusto de um homem por sua vez tiranizado por seus desejos mais baixos? Eros é classificado por Platão como uma força demoníaca flutuando entre o humano e o divino, ajudando-nos a nos elevar ou transportando a alma para uma vida de baixeza e sofrimento na qual outros sofrem conosco. O filósofo e o tirano, o mais elevado e o mais vil dos tipos humanos, por um perverso truque da natureza se ligam pela força do amor.

Não estamos mais acostumados a pensar em eros nesses termos. O apelo erótico, a vida da mente, o mundo da política — para nós, são reinos totalmente distintos funcionando independentemente e governados por leis diferentes. Desse modo, não estamos preparados para entender um dos mais extraordinários episódios da vida intelectual da nossa época, o amor e amizade entre Martin Heidegger, Hannah Arendt e Karl Jaspers. Esses três pensadores se conheceram na década de 1920 e de imediato se sentiram reciprocamente atraídos em virtude da paixão comum pela filosofia. Mas ao se verem arrastados pela convulsão política que sacudiu a Europa, e depois o mundo inteiro, essa paixão acabou se espraiando para todos os aspectos da sua vida pessoal e do seu engajamento político. O fato de na juventude Heidegger e Arendt terem sido amantes carnais por breve período vem a ser apenas um detalhe, por sinal não terrivelmente revelador. O que é importante, merecendo reflexão séria, é a maneira como todos os três passaram a encarar o papel da paixão na vida da mente e no fascínio da moderna tirania.

O caso entre Heidegger e Arendt foi relatado inicialmente na absorvente biografia *Hannah Arendt: Por amor ao mundo* (1984), de Elisabeth Young-Bruehl, embora na época não merecesse grande atenção popular, graças, sobretudo, à discrição de Young-Bruehl e seu senso de proporções. Alguns anos atrás, contudo, o caso tornou-se objeto de detestáveis polêmicas, após a publicação do estudo *Hannah Arendt/Martin Heidegger*, de Elzbieta Ettinger (1995). A professora Ettinger pretendia causar escândalo com seu livrinho, e conseguiu. Trabalhando numa biografia de Arendt, ela teve acesso à correspondência Arendt-Heidegger, que, nos termos estabelecidos pelos executores testamentários da obra de ambos, poucos haviam visto e ninguém tivera autorização de citar. Tendo lido as cartas, Ettinger apressou-se a publicar um relato do caso amoroso, parafraseando longamente as cartas de Heidegger e citando diretamente as respostas de Arendt.

Ettinger apresentava a relação Arendt-Heidegger como algo profundamente patológico que se prolongou do primeiro encontro em 1924 até a morte repentina de Arendt em 1975. Em seu relato, Heidegger aparece como o implacável predador que levou para a cama uma ingênua e vulnerável jovem aluna, deixou-a de lado quando lhe pareceu conveniente e ignorou seus apuros quando ela teve de fugir da Alemanha em 1933, para em seguida explorar cinicamente sua fama como pensadora judia depois da guerra, com o objetivo de reabilitar a si mesmo e seu pensamento, profundamente comprometido por seu envolvimento com o nazismo. Quanto a Arendt, Ettinger a via como uma vítima que contribuiu para sua própria humilhação, suportando desfeitas e rejeição de Heidegger, o homem, e se empenhando em promover Heidegger, o pensador, embora ele apoiasse Hitler intelectualmente. Quanto a saber se Arendt o fazia por uma profunda necessidade psicológica de afeto de uma figura paterna, por autodepreciação judaica ou por um tolo desejo de cair nas graças de um charlatão que tomava por um gênio, Ettinger não era capaz de decidir. Por isso, promoveu as três hipóteses, com base apenas em sua leitura de uma correspondência incompleta. Sob qualquer ângulo, o livro era irresponsável.

Seja como for, o escândalo estava criado, e nos meses seguintes os críticos de Arendt usaram-no como prova de que ela não era digna de confiança intelectualmente. Seus defensores, que nos últimos anos a transformaram em objeto de apaixonada hagiografia, não demoraram a reagir, mas pouco fizeram para elevar o tom. E, o mais importante, poucos tinham visto as cartas, à parte a professora Ettinger. A essa altura, os executores testamentários da obra de Heidegger e Arendt entraram em cena, concordando em publicar toda a correspondência em seu poder para apresentar a questão claramente ao público. Como Heidegger destruiu todas as primeiras cartas de Arendt, das quais ela raramente fazia cópias, a correspondência estava incompleta, sendo três quartos dela da lavra de Heidegger. Seja como for, decidiu-se publicá-la, e hoje dispomos das cartas numa edição alemã cuidadosamente anotada.[1] A decisão revelou-se acertada, pois o volume publicado não serve apenas para esclarecer as coisas. Também contextualiza a relação Heidegger–Arendt de uma maneira nova

---

[1] Hannah Arendt e Martin Heidegger, *Briefe 1925 bis 1975 und andere Zeugnisse*, editado por Ursula Ludz (Frankfurt am Main: Klostermann, 1998).

e intelectualmente mais significativa: a amizade filosófica que cultivaram com o amigo comum e pensador existencialista Karl Jaspers.[2]

Martin Heidegger nasceu na pequena cidade de Messkirch, Baden-Württemberg, em 1889. Ainda menino, parecia destinado ao sacerdócio católico, e, realmente, aos 20 anos decidiu entrar para o noviciado na Companhia de Jesus. Mas a carreira de Heidegger como futuro jesuíta durou apenas duas semanas, pois ele se queixou de dores no peito e foi mandado de volta para casa. Contudo, seu interesse pela religião permaneceu ativo. Nos dois anos seguintes, ele estudou no seminário teológico da Universidade de Freiburg e eventualmente publicou artigos em periódicos católicos algo reacionários, atacando a decadência cultural da época. Em 1911, teve novos problemas cardíacos e deixou o seminário para estudar matemática, ao mesmo tempo cultivando privadamente a filosofia.

A despedida de Heidegger da tradição intelectual da Igreja foi extremamente demorada. Ainda em 1921 ele escrevia ao aluno Karl Löwith que se considerava acima de tudo "um teólogo cristão". Oficialmente, Heidegger estudava com o grande fenomenologista Edmund Husserl, que chegara a Freiburg em 1916 para cumprir seu programa de limpeza da gangue metafísica da tradição filosófica. Husserl, que pretendia infundir novo vigor no exame filosófico da consciência, voltando-a para "as coisas em si mesmas", mostrou-se inicialmente reservado em relação a Heidegger, considerando-o um pensador católico. Mas começou a apreciar as longas conversas filosóficas travadas com o aluno, ficando decepcionado com sua interrupção quando Heidegger teve de prestar o serviço militar na guerra. Quando Heidegger retornou, Husserl fez dele seu assistente pessoal, função que exerceu até 1923. Nesses anos, a relação

---

[2] Nos últimos anos foram publicados volumes da correspondência de Arendt e de Heidegger com Jaspers. A correspondência Arendt–Jaspers foi publicada na Alemanha em 1985 e traduzida para o inglês, *Hannah Arendt–Karl Jaspers Correspondence, 1926–1969* (Harcourt–Brace, 1992). A correspondência Heidegger–Jaspers foi publicada com o título de *Briefwechsel, 1920–1963* (Frankfurt am Main: Klostermann, 1990), mas inexplicavelmente não foi traduzida para o inglês.

pessoal entre Husserl e Heidegger foi quase parental, empenhando-se o mais velho em preparar o discípulo para sucedê-lo.

Quando Karl Jaspers o conheceu em 1920, Heidegger lhe foi apresentado pela sra. Husserl como o "filho fenomenológico" de seu marido. Esse encontro estava destinado a transformar a vida de ambos. Jaspers era seis anos mais velho que Heidegger e já então uma figura bem conhecida na vida intelectual alemã. Estudara direito e medicina na juventude, recebendo sua *Habilitation* em psicologia, que passou a ensinar em Freiburg. Sua fama decorria de um livro publicado em 1919, *Psychology of Worldviews* [Psicologia das visões de mundo], obra idiossincrática e hoje praticamente ilegível no vocabulário técnico de Max Weber e Wilhelm Dilthey, mas que também tratava de temas existenciais à maneira de Kierkegaard e Nietzsche.

O livro acabou rendendo a Jaspers uma cadeira de filosofia, embora, como Heidegger, ele sentisse um maldisfarçado desprezo pelos filósofos universitários da época. Os dois pensadores logo descobririam seu comum interesse pelo que Jaspers chamava em seu livro de "situações-limite" — situações nas quais a nuvem de esquecimento que normalmente envolve nossa *Existenz* se evapora e nós subitamente nos defrontamos com as questões fundamentais da vida, e especialmente da morte. Jaspers mostrava como essas situações evocam em nós estados de ansiedade e culpa, mas também abrem a possibilidade de viver com autenticidade, se as enfrentarmos livre e resolutamente. Ainda que viesse das tradições intelectuais muito diferentes da escolástica e da fenomenologia, Heidegger estava envolvido com essas mesmas questões, que haveriam de se tornar o tema central de sua obra--prima, *Ser e tempo* (1927).

Ao longo dos anos seguintes, os dois desenvolveram uma profunda amizade filosófica, como se pode constatar nas primeiras cartas trocadas. Ela seria cimentada em 1922, quando Jaspers convidou Heidegger a se hospedar com ele durante uma semana em Heidelberg (onde Jaspers ensinava agora). Foi uma experiência inesquecível para ambos, e a partir dali eles se chamavam reciprocamente de *Kampfgemeinschaft*, companheiros de armas. Mas desde o início também ficou claro que, para que a amizade sobrevivesse, teria de levar em conta o incômodo fato de que Heidegger era o pensador superior, e Jaspers, apesar de mais velho e mais conhecido, teria de reconhecer isso.

Ao conhecer Jaspers, Heidegger já redigia uma longa resenha de *Psychology of Worldviews*, que gentilmente enviou ao novo amigo em 1921. Por fora, Jaspers ficou grato pela atenção e pelas sugestões de Heidegger, embora declarasse não entender a posição da qual o amigo fazia suas críticas. Mas na verdade ficou arrasado. A "resenha" nada mais era que um manifesto por um novo modo de pensar para o qual Jaspers não estava preparado, e para o qual não se sentia inclinado. Depois de reconhecer a acuidade psicológica de Jaspers, Heidegger objetava em termos veementes contra a sua abordagem "estética" da experiência psicológica, tratando-a como um objeto que pudesse ser observado de fora, e não como algo que vivemos de dentro. Para alcançar o que é "primordial" na existência humana, escrevia Heidegger, a filosofia deve começar por reconhecer que a consciência necessariamente existe no tempo, vale dizer, que ela é "histórica". A existência humana é um certo tipo de "ser", diferente do "ser" dos meros objetos, sustentava: dizer "eu sou" é afirmar algo completamente diferente de dizer "isto é". Isto porque eu "sou" mediante um processo de autorrepresentação no qual vivencio um "cuidado ansioso" com minha existência, da qual preciso me apropriar e que preciso possuir se quiser viver com autenticidade. Todos esses conceitos articulados inicialmente na resenha sobre Jaspers — "primordialidade", "ser", "historicidade", "ansiedade" e "cuidado" — logo haveriam de abrir caminho em *Ser e tempo*.

A amizade sobreviveu à esmagadora resenha de Heidegger e até se aprofundou ao longo dos anos seguintes, apesar de alguns tropeços. Mas Jaspers não conseguia se livrar da sensação de que Heidegger, e só Heidegger, enxergara dentro dele e entendera "o que eu não consegui alcançar", como escreveria certa vez numa anotação privada. A partir daí, Heidegger seria o padrão de referência pelo qual Jaspers avaliaria sua própria seriedade filosófica, além de estímulo para taciturnas reflexões sobre as vantagens e desvantagens da filosofia para a vida. Disto sabemos por dispormos desse

MARTIN HEIDEGGER, HANNAH ARENDT E KARL JASPERS

caderno de anotações, um extraordinário manuscrito de trezentas páginas de reflexões sobre Heidegger redigidas por Jaspers de 1928 até pelo menos 1964, e que foi encontrado em sua escrivaninha após sua morte.[3] Essas anotações oscilam entre expressões de assombro ("ele parece notar o que ninguém mais viu"), frustração ("sem comunicação, sem palavras, sem deus") e lealdade ("nenhum outro filósofo vivo pode me interessar"). Jaspers registra até um sonho no qual, durante uma conversa tensa com alguns críticos de Heidegger, o amigo de repente se aproxima e se dirige a ele pela primeira vez com o familiar pronome pessoal *du*. Os dois então se afastam, sozinhos.

Em 1923, Heidegger mudou-se para Marburg para assumir sua primeira posição acadêmica independente, para lá atraindo alunos que viajavam dos quatro cantos da Europa para estudar com ele. Entre eles estava Hannah Arendt, que anos mais tarde, em seu ensaio comemorativo "Martin Heidegger faz oitenta anos" (1969), relataria na revista *The New York Review of Books* o entusiasmo que toda a sua geração sentia por ele, em frases que ficaram famosas:

> Praticamente nada mais havia senão um nome, mas o nome viajou por toda a Alemanha como o boato do rei escondido. [...] O boato sobre Heidegger dizia muito simplesmente: O ato de pensar ganhou vida de novo; os tesouros culturais do passado, que se consideravam mortos, estão sendo levados a falar, e nesse processo revela-se que propõem coisas completamente diferentes das trivialidades já conhecidas e gastas que se presumia dissessem. Existe um professor; talvez seja possível aprender a pensar.[4]

Hannah Arendt nasceu em Königsberg, Prússia Oriental, em 1906, e tinha apenas 18 anos ao chegar a Marburg. Lera na juventude algum Kant, mas muito mais Kierkegaard, o pensador para o qual os jovens alemães se vol-

---

[3] O manuscrito foi publicado num volume alemão editado por Hans Saner, com o título *Notizen zu Martin Heidegger* (Munique: Piper, 2ª edição, 1989).
[4] "Martin Heidegger at eighty", *The New York Review of Books*, 21 de outubro de 1971.

tavam depois da catástrofe da Primeira Guerra Mundial. O que tornava Kierkegaard tão atraente era sua paixão, em forte contraste com a autocondescendência da era guilhermina e as áridas especulações das escolas filosóficas então dominantes na Alemanha. Foi essa mesma paixão que Arendt, como Jaspers, imediatamente percebeu em Heidegger, e da qual ainda se recordaria em 1969:

> O que se experimentava era que o pensamento como atividade pura — significando que não é motivado pela sede de conhecimento nem pela busca de cognição — pode tornar-se uma paixão que não governa propriamente nem oprime os demais dotes e capacidades, mas os ordena e prevalece através deles. Estamos tão acostumados à velha oposição entre razão e paixão, espírito e vida, que a ideia de um pensamento apaixonado, no qual o ato de pensar e a condição de estar vivo são uma só coisa, de certo modo nos surpreende.

E ela acrescentava, numa forma de se expressar perfeitamente platônica:

> Por outro lado, a paixão do pensar, como as outras paixões, agarra a pessoa — agarra aquelas qualidades do indivíduo cuja soma, quando ordenada pela vontade, redunda no que costumamos chamar de "caráter" —, apropria-se dela e por assim dizer aniquila seu "caráter", incapaz de enfrentar esse violento ataque.

Podemos ter uma ideia da paixão intelectual gerada por Heidegger lendo as palestras que proferiu no momento em que Arendt chegou a Marburg.[5] O objetivo declarado das conferências desse curso era desenvolver um comentário sobre o diálogo de Platão a respeito da filosofia e da pseudofilosofia, o

---

[5] As conferências do semestre do inverno de 1924–1925 foram publicadas em alemão em 1992 e saíram em inglês com o título *Plato's Sophist*, em tradução de Richard Rojcewicz e André Schuwer (Indiana University Press, 1997).

Sofista. Nas mãos de Heidegger, contudo, a arte do comentário tornou-se um meio de resgatar aqueles que considerava os mais profundos problemas do diálogo e confrontá-los diretamente. No *Sofista*, Heidegger via duas questões predominantes. A primeira era ontológica: o problema do Ser — palavra às vezes usada em maiúscula para indicar que Heidegger não se refere ao fato de existirem entidades ou seres particulares, mas sim ao que ele poderia chamar o seu "estado de ser", ou Ser. "Por que existe o estado de ser/Ser, e não o nada?" é uma pergunta que o *Sofista* nos leva a fazer. O segundo problema no diálogo era a correta definição da verdade, que Heidegger interpreta como sendo um processo de "revelação" ou "desvendamento" do que as entidades são, e não uma correspondência entre conceito e objeto, como sustentavam filósofos desde Platão. Seu comentário sobre o diálogo transforma-se então numa magistral explicação desses problemas e da maneira como uma nova abordagem, decorrendo da fenomenologia, poderia revelar novas respostas para eles. Esta audácia é que tornava Platão e Aristóteles subitamente vivos e vitais para Arendt e seus colegas — e, de modo mais sutil, também fazia Heidegger surgir como seu único herdeiro legítimo.

A paixão recíproca entre Heidegger e Arendt floresceu em algum momento desse semestre, e, quando a correspondência publicada dos dois teve início em fevereiro de 1925, já estava claro que algum passo tinha sido dado:

10.II.25

Querida senhorita Arendt,

Preciso voltar a vê-la hoje à noite e falar ao seu coração.

Tudo deve ser simples, claro e puro entre nós. Só assim seremos dignos de um encontro. O fato de ser minha aluna e eu ser seu professor significou apenas a oportunidade para o que aconteceu entre nós.

Jamais serei capaz de controlá-la, mas a partir de agora você pertencerá à minha vida, que vai se intensificar através de você. [...]

O caminho a ser seguido por sua jovem vida está oculto. Haveremos de nos submeter a ele. E minha dedicação deve apenas ajudá-la a ser verdadeira consigo mesma. [...]

O dom da nossa amizade torna-se uma responsabilidade através da qual cresceremos. Uma responsabilidade que me permite pedir perdão por ter saído de mim por um momento durante nossa caminhada.

Ainda assim, devo agradecer-lhe e, com um beijo na sua pura fronte, levar a inteireza da sua essência ao meu trabalho.

Seja feliz, boa menina!

Do seu

M. H.

Ainda no mesmo mês, mais uma etapa fora vencida:

27.II.25

Querida Hannah,

Fui tomado pelo demoníaco. Suas tranquilas mãos amorosas postas como numa prece e sua testa resplandecente o impediram, pela transfiguração feminina.

Nada parecido me havia acontecido antes.

Debaixo da tempestade a caminho de casa você estava ainda mais bela e grandiosa. E eu teria gostado de caminhar com você por noites sem fim.

Como símbolo da minha gratidão, receba este livrinho. Ele também servirá como um símbolo deste semestre.

Por favor, Hannah, mande-me pelo menos algumas palavras. Não posso deixá-la ir-se assim.

Deve estar com pressa nos preparativos da sua viagem, mas apenas algumas palavras, sem precisar escrever "bonito".

Simplesmente como escreve. Só que terão sido escritas por você.

Do seu,

M.

MARTIN HEIDEGGER, HANNAH ARENDT E KARL JASPERS

A correspondência prossegue nesse tom por muitos meses apaixonados. As cartas de Heidegger a Arendt são cheias de lugares-comuns românticos — campos floridos, torres em ruínas, declarações de culpa e abnegação — misturados com ruminações filosóficas e sensatos conselhos profissionais. Embora não disponhamos de nenhuma das primeiras cartas de Arendt, chegou até nós uma cópia de um texto autobiográfico breve e muito melancólico intitulado "Sombras", que ela lhe enviou naquele mês de abril. Descreve uma jovem que em sua breve vida já passara por muitos estados de ânimo insatisfatórios, evoluindo da convicção de que o *Sehnsucht* — o anseio, a nostalgia — podia ser um fim em si mesmo para uma crescente angústia quanto ao significado da vida. Agora ela finalmente tinha chegado ao estágio em que podia oferecer "dedicação inabalável" a uma única pessoa — mas uma dedicação agridoce, plenamente consciente de que "tudo tem fim". Heidegger respondeu a esse *cri de coeur* como o amante maduro que era, garantindo a Arendt que "a partir de agora você vive envolvida no meu trabalho" e lembrando que "só há 'sombras' onde há sol".

Seria Heidegger o predador e Arendt a vítima nesse romance, como a professora Ettinger queria levar-nos a crer? Seria esse elevado arrulhar filosófico mero disfarce para uma dominação sexual? Pelo contrário, o leitor maduro dessas cartas ficará impressionado com a tocante autenticidade que expressam, naquele que era afinal um drama bem convencional a se desenrolar em direção a seu fim previsível. O professor casado e mais velho e sua jovem aluna se escrevem sobre a natureza do amor e o que ela deve estudar. Trocam poemas e fotos, ouvem música quando estão sozinhos e até decidem ler *A montanha mágica* juntos, especulando sobre o malfadado amor entre madame Chauchat e Hans Castorp. Heidegger também escreve de forma tocante sobre seu amor pela natureza e a maneira como se mistura ao amor por Arendt:

26 — A MENTE IMPRUDENTE

Todtnauberg, 21.III.25

Querida Hannah,

Temos aqui um inverno maravilhoso, de modo que pude fazer algumas viagens incríveis e revigorantes. [...]

Muitas vezes espero que esteja tão bem quanto eu aqui. A solidão das montanhas, a vida sossegada do povo daqui, a proximidade elementar do sol, da tempestade e do céu, a simplicidade de uma trilha abandonada numa encosta ampla e coberta por espessa camada de neve — tudo isso mantém a alma muito, muito distante de toda existência sem foco e sujeita a estados de ânimo. [...]

Quando a tempestade ruge fora da cabana, eu me lembro da "nossa tempestade", ou então dou uma tranquila caminhada ao longo do rio Lahn, ou sonho com uma jovem protegida por capa de chuva, o chapéu puxado sobre os grandes olhos tranquilos, que entrou no meu gabinete pela primeira vez, tímida e reservada, dando a cada pergunta uma breve resposta — e então transponho a imagem para o último dia do semestre — e é quando tenho certeza de que a vida é história.

Com grande afeto,

Seu

Martin

Inevitavelmente, Arendt rebela-se contra as limitações desse amor proibido, queixando-se de estar sendo ignorada; Heidegger assume a culpa, mas tenta fazê-la entender sua necessidade de isolamento para trabalhar no projeto que viria a se tornar *Ser e tempo*. Até que, numa manobra de força, Arendt anuncia no início de 1926 sua decisão de se mudar de Marburg para Heidelberg, a fim de concluir seus estudos com ninguém menos que Karl Jaspers, decisão aprovada por Heidegger. No entanto, seis meses depois a determinação de Arendt cede e ela volta a lhe escrever, e ele responde propondo novo encontro. Nos dois anos subsequentes, eles se encontram em hotéis ou pequenas cidades sempre que ele está viajando, desse modo evitando serem identificados. Mais cartas, fotos e poemas são trocados, além de sugestões de Heidegger sobre futuras leituras (especialmente Knut Hamsun).

Em 1927, Heidegger publicou *Ser e tempo* com excelente recepção e, no ano seguinte, foi chamado a ocupar a cadeira de filosofia de Husserl em Freiburg. A essa altura, Arendt optou por aquele que haveria de se revelar o rompimento definitivo, anunciando-o na primeira carta sua que chegou até nós. "Eu o amo como no primeiro dia — isto você sabe", escreve ela, garantindo que sua decisão foi tomada exclusivamente para proteger esse amor da realidade da situação. Dentro de um ano ela entraria num irrefletido casamento com Günther Stern, ex-aluno de Husserl, mudando-se com ele para Frankfurt. Não sabemos como Heidegger reagiu à notícia. O que sabemos, de uma carta a ele enviada por Arendt em 1930, é que ela e Stern acabaram por visitar Heidegger juntos e que esse encontro trouxe de volta uma torrente de emoções dolorosas. "O fato de tê-la visto despertou minha consciência da mais clara e importante continuidade da minha vida, e — por favor, deixe-me dizê-lo — da continuidade do nosso amor." No entanto, quando Heidegger, não se sabe por que motivo, parte de trem com Stern, não reconhecendo Arendt de pé na plataforma, ela fica inconsolável e sozinha. "Como sempre", escreve ela, "só me resta a resignação, e esperar, esperar, esperar". Ela esperaria mais duas décadas até voltar a ver Heidegger.

Nos anos seguintes, a vida dos três amigos e amantes avançou independentemente, sem maiores incidentes. Hannah Arendt publicou uma tese de doutorado sob a orientação de Jaspers, *O conceito de amor em Santo Agostinho*, obra inspirada em mais de um sentido em seu encontro com Heidegger. Começou então a trabalhar numa biografia de Rahel Varnhagen, livro que só veria a luz do dia na década de 1950.[6]

---

[6] *Love and Saint Augustine* (University of Chicago Press, 1996); *Rahel Varnhagen: The Life of a Jewess* (Johns Hopkins University Press, 1997).

Karl Jaspers escrevia e publicava prolificamente sobre os mais variados temas, da psicologia à religião, passando por Nietzsche, ainda que com ambição filosófica cada vez menor desde que recebeu a resenha de Heidegger. Quanto ao próprio Heidegger, nos anos mais tardios de Weimar estaria no auge da sua força e influência intelectuais. Em 1929 ele foi convidado a Davos, na Suíça, para debater com o respeitado filósofo neokantiano Ernst Cassirer, e de tal maneira o trucidou aos olhos dos jovens da plateia que o manto de principal filósofo alemão lhe foi ali mesmo conferido em caráter extraoficial. Ele o receberia oficialmente pouco depois, em 1930, quando o governo alemão fez-lhe a primeira de duas ofertas da cátedra de filosofia em Berlim, a de maior prestígio no país, por ele recusada. Embora tivesse desistido dos planos de escrever um segundo volume de *Ser e tempo*, Heidegger chegou a publicar fragmentos, começando com uma obra substancial e ainda hoje essencial, *Kant e o problema da metafísica*, que já tinha sido dada a público em 1929. E em suas conferências ele continuou a mergulhar cada vez mais profundamente na "questão do Ser".

As cartas trocadas por Jaspers e Heidegger nesses anos refletem uma genuína amizade, embora menos intensa, agora que os dois eram professores ocupados e consagrados. Em sua breve *Autobiografia filosófica*, Jaspers descreve seus sentimentos como uma mistura de assombro e irritante preocupação:

> Em Heidegger eu via num contemporâneo aquele "algo" que normalmente pode ser encontrado apenas no passado, e que é essencial para filosofar. [...] Via sua profundidade, mas também encontrava algo mais que não era capaz de identificar, algo difícil de aceitar. [...] Às vezes parecia que um demônio tinha tomado conta dele. [...] Ao longo das décadas surgiu uma tensão entre afeto e alienação, assombro com sua capacidade e rejeição da

MARTIN HEIDEGGER, HANNAH ARENDT E KARL JASPERS

sua incompreensível insensatez, um sentimento de compartilhar de um embasamento do ato de filosofar e traços de uma atitude completamente diferente em relação a mim.[7]

Quaisquer que fossem suas dúvidas, Jaspers ainda tinha confiança no caráter de Heidegger e na promessa de sua obra filosófica, pelo menos o suficiente para tê-lo estimulado a aproveitar o momento de sua fama e desempenhar um papel mais ativo na reforma universitária. Em 1931, ele escreveu a Heidegger que "parece que, a longo prazo, a filosofia das universidades alemãs está nas suas mãos", avaliação obviamente compartilhada por Heidegger.

Como hoje é sabido, Martin Heidegger deixou sua cabana na Floresta Negra em abril de 1933 para assumir a reitoria da Universidade de Freiburg, entrando para o Partido Nazista em maio, e se manteve no cargo até o mês de abril seguinte. Durante muitos anos o relato edulcorado do próprio Heidegger sobre esse período foi amplamente aceito; muitos se convenceram de que ele tinha aceitado o cargo contra a vontade, tentando limitar os danos aos estudos acadêmicos, protegendo judeus e acabando por entregar o cargo aliviado — e, o mais importante, rapidamente perdendo a ilusão de uma renovação nacional graças ao nazismo. Mas as revelações ocorridas nas últimas décadas serviram para estabelecer um relato bem documentado e geralmente aceito do que realmente aconteceu.[8] Hoje está claro que Heidegger já tinha manifestado apoio aos nazistas pelo menos desde o fim de 1931; que fez campanha para conseguir a reitoria; e que, uma vez nomeado,

---

[7] *Philosophische Autobiographie* (Munique: Piper, 2ª edição, 1984), pp. 95, 97-98. Jaspers escreveu este pequeno volume em 1953, mas eliminou o capítulo sobre Heidegger, do qual são extraídas estas citações, pouco antes da publicação. O capítulo foi restabelecido na 2ª edição.

[8] Entre as muitas obras úteis a respeito encontramos Victor Farías, *Heidegger and Nazism* (Temple University Press, 1989); Hugo Ott, *Martin Heidegger: A Political Life* (Basic Books, 1993); Günther Neske e Emil Kettering, editores, *Martin Heidegger and National Socialism* (Paragon House, 1990); Richard Wolin, editor, *The Heidegger Controversy: A Critical Reader* (MIT Press, 1993). Ver também Thomas Sheehan, "Heidegger and the Nazis", *The New York Review of Books*, 16 de junho de 1988, e "A Normal Nazi", *The New York Review of Books*, 14 de janeiro de 1993.

30 A MENTE IMPRUDENTE

mobilizou todas as suas energias no sentido de "revolucionar" a universidade, fazendo conferências de propaganda em toda a Alemanha e concluindo-as com o tradicional "Heil Hitler!".

Seu comportamento pessoal não foi menos execrável. Ele cortou relações com todos os colegas judeus, inclusive seu mentor Edmund Husserl. (No início da década de 1940, chegou a eliminar a dedicatória a Husserl em *Ser e tempo*, mais tarde vindo a restabelecê-la não menos discretamente.) Heidegger também usou seus consideráveis poderes para denunciar por motivos políticos, em cartas secretas a dirigentes nazistas, um colega, o futuro Prêmio Nobel de química Hermann Staudinger, e um ex-aluno, Eduard Baumgarten. E, mesmo depois de deixar o cargo, Heidegger assinou petições de apoio a Hitler e pressionou o regime a lhe permitir fundar uma academia de filosofia em Berlim. Em 1936, dois anos depois de seu afastamento do cargo, Karl Löwith o encontrou em Roma usando um distintivo nazista na lapela, ocasião em que ele explicou ao antigo aluno de que maneira certos conceitos de *Ser e tempo* tinham inspirado seu engajamento político.

Para seu posterior constrangimento, Jaspers reagiu letargicamente à atividade política de Heidegger, ainda que Hannah Arendt o tivesse advertido de seu significado. Em 1933, ela fugiu para Paris com o marido e começou a trabalhar para várias organizações humanitárias judaicas. Pouco antes de partir, parece evidente que enviou a Heidegger uma carta muito dura, confrontando-o com os boatos de que ele se tornara presa de um "furioso antissemitismo" e excluía alunos judeus dos seus seminários — acusações que eram infundadas, mas proféticas.[9] Irritado, ele negou todas as acusações, mas em questão de meses assumia como reitor.

Arendt passou os sete anos seguintes vivendo com pouquíssimos recursos na França, até ser forçada a fugir de novo, dessa vez para os Estados Unidos. Chegou a Nova York em 1941, no momento em que a guerra se espalhava pela Europa, e perdeu todo contato com Heidegger e Jaspers. Este, contudo,

---

[9] Embora Heidegger não excluísse explicitamente alunos judeus, a partir de 1934 eximiu-se de orientar suas teses, enviando-os para um colega católico.

MARTIN HEIDEGGER, HANNAH ARENDT E KARL JASPERS 31

manteve-se em contato com Heidegger por algum tempo. Em março de 1933, pouco depois da chegada dos nazistas ao poder, Heidegger visitou Jaspers em Heidelberg e os dois tiveram um encontro cordial, ouvindo gravações de canto gregoriano e discutindo filosofia. Quando a conversa entrava, inevitavelmente, na esfera da política, Heidegger limitava-se a dizer: "Não podemos deixar de nos envolver."

Em maio ele estava de volta a Heidelberg, já agora como reitor de Freiburg, submetendo os alunos a um discurso sobre os planos dos nazistas para a universidade. Jaspers sentou-se na primeira fila com expressão carrancuda, as mãos nos bolsos. Quando voltaram para a casa de Jaspers, este tentou ser franco com o amigo, observando que certamente ele não podia concordar com os nazistas na questão judaica. Heidegger: "Mas existe uma perigosa rede internacional de judeus." Jaspers: "Como pode um homem sem cultivo como Adolf Hitler governar a Alemanha?" Heidegger: "A cultura não importa. Simplesmente veja suas maravilhosas mãos." Heidegger foi embora cedo, e nunca mais voltaria a encontrar o amigo.

Jaspers ficou pasmo. Nada que Heidegger lhe tivesse dito algum dia o preparara para aquele rápido envolvimento político com o nazismo, e em sua *Autobiografia filosófica* Jaspers se culpa por não ter sido capaz de impedir que o amigo "saísse dos trilhos". Nos três anos subsequentes, ele continuou escrevendo eventualmente a Heidegger, tanto durante o seu reitorado quanto depois dele. Pouco após a última visita a Jaspers, Heidegger tinha pronunciado sua famigerada *Rektoratsrede* (alocução da reitoria), na qual colocava explicitamente seu vocabulário filosófico técnico a serviço do controle nazista da universidade. O discurso publicado conquistou enorme popularidade, não obstante sua obscuridade. (Ao receber um exemplar, Karl Löwith perguntou-se, segundo comentaria mais tarde, se isso significava que deveria estudar os pré-socráticos ou marchar com as tropas de assalto.) Mas Jaspers tentou encontrar coisas boas a dizer a respeito, escrevendo que "minha confiança em sua filosofia, que se fortaleceu desde nossas conversas no início deste ano, não é comprometida por qualidades desse discurso que são apenas um reflexo dos tempos". Os dois amigos distanciados continuaram a trocar livros e anotações até 1937, quando Jaspers foi afastado do seu cargo e forçado à aterrorizante situação de sobreviver até o fim da guerra como um antinazista casado com uma judia e impedido de deixar o país. Por via das dúvidas, ele e a mulher carregavam cápsulas de veneno o tempo todo.

A atuação de Heidegger como reitor em Freiburg mal durou um ano. Mas sua fatal decisão em favor do nazismo gerou profundos problemas que dariam trabalho a Jaspers e Arendt pelo resto da vida. Jaspers era um amigo, Arendt fora sua amante, e ambos admiravam Heidegger como um pensador que, segundo acreditavam, tinha revivido sozinho o autêntico ato de filosofar. Agora eles tinham de se perguntar se sua decisão política refletia apenas uma fraqueza de caráter ou se havia sido preparada pelo que Arendt chamaria mais tarde de seu "pensamento apaixonado". Neste último caso, significaria que seu próprio apego intelectual/erótico a ele como pensador estava comprometido? Acaso se haviam equivocado apenas a respeito de Heidegger ou também sobre a própria filosofia e sua relação com a realidade política?

É difícil saber se Heidegger se colocava esse tipo de questões. À parte sua experiência como reitor, ele não tinha o hábito de assumir posições politicamente, e suas obras publicadas, inclusive a principal delas, *Ser e tempo*, de 1927, não eram de um caráter político transparente. Depois da guerra, contudo, muitos leitores seus — entre eles Jaspers e Arendt — começaram a perceber que o tratamento conferido por Heidegger a certos temas existenciais fundamentais em *Ser e tempo* de fato apontava para uma maneira de entender as questões políticas, e mesmo de agir em relação a elas, de uma perspectiva nova de fundo suprapolítico. Dessa perspectiva é que Heidegger vira no nazismo o surgimento de um mundo novo e melhor.

A palavra "mundo" assume um caráter central no vocabulário filosófico que Heidegger começou a desenvolver em *Ser e tempo*. No livro, ele retratava os seres humanos como tendo sido colocados pelo destino histórico num reino coerente de atividade, linguagem e pensamento a que dava o nome de "mundo". Esse mundo é produto do destino, e não da natureza; surge de algo a que Heidegger haveria de se referir mais tarde como um misterioso "evento" no qual o Ser (*Sein*) encontra um lugar (um "aí", *da*) no qual se revela, um lugar habitado por seres humanos (*Dasein*). O Ser não é um reino transcendente que possa ser alcançado apenas (se é que pode ser alcançado) elevando-se acima da experiência humana; para Heidegger, o que quer que seja o Ser, só vem à luz em relação a "mundos" humanos. Cada civilização ou cultura é um "mundo" para Heidegger. Desse modo, existe o "mundo" ocidental, mas também o "mundo" do carpinteiro, ou do camponês.

Mas os seres humanos habitam seus mundos no horizonte do tempo: herdam tradições do passado, projetam-se no futuro e morrem. O raciocínio de Heidegger é que, se o Ser só se revela em mundos humanos, sendo estes moldados pela temporalidade, o Ser também deve depender do tempo. O que significaria que o Ser não tem outro significado senão a temporalidade: o desdobramento das coisas no tempo.

Heidegger chega a esta conclusão em *Ser e tempo* por meio de uma sutil e penetrante análise da condição temporal humana e de como o homem tenta escapar dela. Na sua visão, o homem tende a se perder em seu mundo e a "esquecer" sua mortalidade, e, por extensão, a do seu mundo. Segue a multidão (o "eles"), mete-se em conversas fúteis, deixa-se absorver pelas banalidades do cotidiano — tudo para evitar a questão fundamental da sua existência e da sua responsabilidade. Somos criaturas inautênticas: "Todo mundo é outro, ninguém é si mesmo." Mas não é fácil recuperar a autenticidade. É necessária uma nova "orientação", afirma Heidegger, um confronto com nossa finitude, um "autêntico ser-para-a-morte". Isto significaria atender ao chamado da consciência, evidenciando "cuidado" em relação à manifestação do Ser. E, acima de tudo, exigiria uma nova "determinação", o que significa "deixar-se intimar a sair do próprio perder-se no 'eles'".

A retórica de autenticidade e determinação de Heidegger tem sido interpretada de várias maneiras. Segundo a interpretação canônica, *Ser e tempo* é basicamente uma obra ontológica, uma investigação sobre a natureza da existência, e além disso apenas uma intimação para nos tornarmos o que somos: assumir sem autoengano a plena responsabilidade de ser criaturas humanas finitas. Outros viram nessa obra uma profunda hostilidade ao mundo moderno e um anseio por uma nova época histórica a ser gerada pela resolução humana, a criação de um "mundo" mais autêntico, atento ao chamado do Ser. E se, como Heidegger dá a entender às vezes, um "mundo" é um todo cultural ou mesmo nacional, *Ser e tempo* seria então um programa de regeneração nacional — exatamente o que Heidegger veria no nacional--socialismo alguns anos após a publicação dessa obra.

Existem notórios problemas com ambas as interpretações, agravados por uma reorientação do pensamento e da retórica de Heidegger que teve início na década de 1930 e prosseguiu em seus escritos do pós-guerra. A partir desse período, Heidegger evoluiu de uma análise fenomenológica do elo entre *Sein* e *Dasein*, empreendida do ponto de vista da existência humana, para uma nova análise que, segundo ele, assumia o ponto de vista do próprio Ser — o que quer que isto significasse. Numa linguagem mitopoética própria inspirada em Hölderlin, ele também começou a escrever sobre o Ser como uma divindade que se revelava ao homem. Saber se essa reorientação representava uma mudança no pensamento de Heidegger ou simplesmente uma segunda parte, complementar, de uma tarefa da vida inteira (como afirmava ele) vem a ser uma questão séria. E ela confunde ainda mais o eventual ensinamento político que acaso Heidegger estivesse tentando transmitir por sua filosofia e a maneira como viria afinal a encarar seu próprio e resoluto salto na história contemporânea.

Tendo empreendido essa reorientação, o Heidegger mais tardio fala menos de determinação e autenticidade, e mais de aprender a "deixar o Ser ser" e adotar uma atitude de *Gelassenheit*, a expressão usada por Meister Eckhart para designar a serena renúncia. Com o passar do tempo, ele já não se apresentava como o defensor da decisão e da autoafirmação existencial, mas, pelo contrário, como o mais profundo crítico do "niilismo" ocidental que viera encorajar essa tenacidade e gerar o fascismo, o comunismo, a democracia moderna e a tecnologia, todos fenômenos considerados niilistas por Heidegger.

Ainda assim, até mesmo a sua *Gelassenheit* tinha algo de apaixonado e urgente. Heidegger nunca deixou de se referir ao homem moderno como vivendo num precipício, destinado a cair no esquecimento do Ser ou num novo "mundo" no qual o significado do Ser seria novamente revelado; ele precisa mover-se ou será movido por uma força histórica mais forte que ele. Em seus manuscritos da década de 1930, que vêm sendo aos poucos publicados em suas obras coligidas em alemão, muito se insiste na "preparação do aparecimento do último deus". Em alguns deles de fato encontramos comentários desdenhosos sobre a cega autoafirmação dos nazistas e suas débeis tentativas de construir uma "filosofia popular" — embora Heidegger pareça empenhado em enaltecer os nazistas. Não é qualquer povo que encontra uma filosofia, escreve ele a certa altura; "a filosofia de um povo é aquela que transforma o povo num povo de uma filosofia". Estaria sua própria filosofia destinada exatamente a isto?

Lendo o Heidegger mais tardio, não podemos evitar a impressão de que, apesar de sua experiência, ele nunca foi capaz de enfrentar a questão da relação da filosofia com a política, ou da paixão filosófica com a paixão política. Para ele, não era esta a questão; ele simplesmente fora enganado ao pensar que a determinação dos nazistas de encontrar uma nova nação era compatível com sua própria e mais elevada resolução de refundar toda a tradição do pensamento ocidental, e, portanto, da existência ocidental. Heidegger considerava-se uma vítima do nazismo — donde sua espantosa afirmação a Ernst Jünger de que só pediria desculpas pelo seu passado nazista se Hitler pudesse ser trazido de volta e obrigado a se desculpar com ele.

Heidegger finalmente chegou à conclusão de que os próprios nazistas tinham destruído a "verdade e grandeza interna" do nacional-socialismo e de que, abstendo-se de seguir o caminho de Heidegger, tinham impedido os alemães de ir ao encontro do seu destino. Agora estava tudo perdido; o Ser se retirara e não podia ser encontrado em lugar algum. Restava apenas o deserto espiritual da tecnologia e da política modernas a se disseminar. Em tais circunstâncias, o verdadeiro pensador podia apenas se refugiar no seu gabinete, alinhar seu pensamento e esperar em serena expectativa uma nova época messiânica do Ser. Na famosa frase que ele pronunciou durante sua entrevista para a revista *Der Spiegel* na década de 1960, "Agora só um deus pode nos salvar".

Heidegger saiu da guerra alquebrado e até passou algum tempo num sanatório para recobrar suas forças. Ao ocuparem Freiburg em 1945, os franceses ameaçaram desapropriar sua biblioteca e o levaram diante de uma comissão de desnazificação, que acabou decidindo proibi-lo de ensinar e até o privou temporariamente de sua pensão. Numa vã tentativa de se salvar, Heidegger propôs que a comissão colhesse o depoimento de seu amigo Karl Jaspers, que, esperava, ainda haveria de corroborar seu ponto de vista.

Mas o fato é que Jaspers passara boa parte da guerra ponderando o caso de Heidegger e se sentia em condições de apresentar uma avaliação equilibrada e moralmente perspicaz a respeito. Em defesa do amigo, afirmou que, até onde sabia, Heidegger nunca fora antissemita na década de 1920 e que seu comportamento a partir dali se revelara contraditório nessa questão. (Hoje sabemos que isto não procede.)[10] Jaspers também tentou explicar que o nazismo intelectualizado de Heidegger nada tinha a ver com o nazismo real; ele era um homem apolítico, escreveu Jaspers, mais se parecendo com uma criança que prendeu o dedo na roda da história. Entretanto, embora Heidegger fosse "talvez único entre os filósofos alemães contemporâneos" em matéria de seriedade, devendo, portanto, ser autorizado a escrever e publicar, o ensino era uma outra questão. "A maneira de pensar de Heidegger", concluía Jaspers, "que a mim parece em sua essência destituída de liberdade, ditatorial e incapaz de comunicação, hoje seria desastrosa em seus efeitos pedagógicos", especialmente considerando-se que "sua maneira de falar e seus atos têm uma certa afinidade com características nacional-socialistas". A comissão seguiu a recomendação de Jaspers e impôs uma proibição de ensinar que durou até 1950.

Isto não significava que Jaspers quisesse lavar as mãos em relação ao amigo. Pelo contrário, ele também manifestou à comissão a esperança de que Heidegger passasse por um "autêntico renascimento" no futuro. Na época, Jaspers estava convencido de que os erros de Heidegger eram basicamente

---

[10] Dez anos atrás veio à luz uma carta de recomendação de 1929 na qual Heidegger afirmava que a Alemanha precisava de mais acadêmicos enraizados no seu "solo", queixando-se da "judaização" da vida intelectual. A carta destinava-se a ajudar o infeliz Eduard Baumgarten, contra o qual Heidegger haveria de se voltar mais tarde. Ver Ulrich Sieg, "Die Verjudung des deutschen Geistes", Die Zeit, 22 de dezembro de 1989, p. 50.

os erros de um *Luftmensch* fraco, e não de sua filosofia, e de que, se pudesse ser levado a entender suas responsabilidades, Heidegger, o filósofo, poderia ser salvo. Esse motivo da redenção cristã também aparece nas cartas de Jaspers a Arendt, nas quais ele pondera que Heidegger "tem conhecimento de algo que praticamente ninguém nota esses dias", mas que sua "alma impura" precisava passar por uma total revolução. Arendt mostrava-se bastante cética em relação a mitos de conversão, mas concordava que Heidegger "vive em profundezas e com uma paixão que não são esquecidas facilmente".

Em sua *Autobiografia filosófica* e nas *Notas sobre Martin Heidegger*, Jaspers fala do seu sentimento pessoal de culpa por não ter sido capaz de advertir o amigo em 1933 sobre o erro que estava cometendo. Depois da guerra, Jaspers esperava proceder a uma genuína, mas moralmente defensável, reaproximação que pudesse salvar a importância filosófica que acaso ainda restasse no amigo. Mas de que maneira? A oportunidade finalmente se apresentou em 1948, quando Jaspers mudou-se para a Basileia, na Suíça, onde passaria o resto da vida. Ele escreveu uma carta a Heidegger em março daquele ano, mas não teve forças para enviá-la, e veio a escrever uma outra no mês de fevereiro seguinte. "Há muito esperava escrever-lhe", começa ele, "e hoje, uma manhã de domingo, finalmente sinto o impulso". Jaspers mostra-se brutalmente direto, confessando que o momento em que tomou conhecimento do fato de Heidegger ter secretamente denunciado o próprio aluno Eduard Baumgarten foi "uma das experiências mais decisivas da minha vida". Também informa sobre sua carta de 1945 à comissão de desnazificação, sem se desculpar pelo conteúdo.

Nada do que sucedeu pode ser esquecido, escreve ele, que, no entanto, ainda se pergunta se algum tipo de relação filosófica e mesmo pessoal seria possível, considerando que "o que quer que seja filosofia deve estar unido na origem e nos propósitos". E conclui: "Eu o saúdo de um passado distante, sobre um abismo de tempo, agarrando-me a algo que houve um dia e que não pode ser nada." Heidegger respondeu a essa manifestação de companheirismo filosófico com gratidão, e ao longo do ano seguinte uma torrente de cartas foi trocada entre os dois, assim como cópias de escritos que, a essa altura, já refletiam abordagens radicalmente diferentes da atividade filosófica.

A questão do nazismo foi evitada até que o próprio Heidegger a abordou em março de 1950, tentando explicar por que deixou de visitar a família Jaspers depois de 1933. Não me calei por ser judia a sua esposa, declara, "mas simplesmente porque sentia vergonha". Jaspers ficou tocado com essa expressão de vergonha, tomando-a como um promissor sinal de arrependimento, e lhe disse que naqueles anos sombrios Heidegger era uma criança incapaz de saber o que estava fazendo. A questão podia ter ficado por aí se Heidegger não tivesse respondido com descaradas autojustificativas e especulações políticas irresponsáveis. Ele se aproveita da própria imagem de criança inocente e reconhece que na década de 1930, quando eram ameaçados, os judeus e os esquerdistas eram mais lúcidos que ele. Mas agora chegou a hora de a Alemanha sofrer, queixa-se Heidegger, e parece que só ele o sente. Ela está cercada de inimigos por todos os lados e Stalin está a caminho, embora "as pessoas" prefiram fingir que não veem. O homem moderno deposita sua fé no reino político, que está morto e já agora ocupado por cálculos tecnológicos e econômicos. Nossa única esperança, conclui Heidegger, é que um "advento" oculto se manifeste a partir da nova falta de casa (*Heimatlosigkeit*) dos alemães.

Jaspers esperou dois anos para responder a essa grotesca diatribe, que finalmente o levou à conclusão de que Heidegger era irrecuperável — como homem e como pensador. Para ele, Heidegger já não era o modelo do que um filósofo podia ser, e sim um demoníaco antifilósofo consumido por perigosas fantasias. E assim foi que investiu apaixonadamente contra o homem que um dia amara:

> Uma filosofia que especula e fala em frases como as da sua carta, que evoca a visão de algo monstruoso, não seria na verdade uma outra preparação da vitória do totalitarismo, na medida em que se distancia da realidade? Assim como a filosofia que circulava antes de 1933 contribuiu para preparar a aceitação de Hitler? Será que algo semelhante está acontecendo agora? [...]
> Será que o político, que você considera ter terminado, jamais desaparece? Será que não mudou apenas suas formas e meios? E não devemos na verdade reconhecê-los?

E então ele se voltou para a expectativa de um "advento" manifestada por Heidegger:

> Meu horror aumentou quando li isto. Até onde posso ver, trata-se de puro sonho, como tantos sonhos que — sempre no momento histórico "certo" — nos iludiram ao longo dos cinquenta últimos anos. Você realmente pretende apresentar-se como um profeta revelando o sobrenatural a partir de origens ocultas, como um filósofo convencido a se distanciar da realidade?

Heidegger nunca respondeu a uma única dessas perguntas. Eventuais bilhetes de saudações pelo aniversário ainda seriam trocados entre os dois durante uma década, mas a amizade estava acabada.

Ao se dissolver a amizade de Heidegger com Jaspers, uma outra começou a se desenvolver com Hannah Arendt, para grande surpresa de Jaspers. Em 1946, Arendt publicou na *Partisan Review* um artigo intitulado "Que é a filosofia existencial?", declarando ser a filosofia de Heidegger uma forma ininteligível de "superstição". Quanto à adesão ao nazismo, ela se recusava a atribuí-la a uma simples falta de caráter, preferindo culpar seu incorrigível romantismo, "uma jovialidade espiritual que decorre em parte de delírios de grandeza e em parte do desespero". Ao ser informada por Jaspers de que, como reitor, Heidegger não impedira Husserl de ensinar na universidade, como ela própria havia informado, Arendt continuou sustentando (mais uma vez equivocadamente) que Heidegger tinha assinado uma circular nesse sentido. E, como "essa assinatura quase matou [Husserl], não posso deixar de encarar Heidegger como um assassino potencial".[11] Para ela, aparentemente, Heidegger era um livro fechado.

---

[11] Apurou-se no fim das contas que o antecessor de Heidegger é que tinha assinado o decreto, que seria posteriormente revogado pelo governo quando Heidegger estava no cargo. Ver Ott, *Martin Heidegger: A Political Life*, pp. 176-177.

Mas pouco antes da publicação do seu monumental *Origens do totalitarismo*, em 1951, Arendt fez uma longa viagem à Europa, inclusive à Alemanha, por conta da organização Reconstrução Cultural Judaica. Durante esses longos meses, ela visitou seu querido professor Karl Jaspers, que não via há dezessete anos. Na Basileia, mostrou-lhe sua correspondência com Heidegger, finalmente confessando o caso de amor da juventude com ele. Jaspers reagiu à notícia achando graça: "Ah, mas isto é muito interessante", para grande alívio de Arendt. Tornou-se então possível para os dois conversar sobre o homem que haviam amado, cada um à sua maneira.

Quis o destino que a missão de Arendt a levasse a Freiburg em fevereiro de 1950. Ela chegou ao hotel, desfez a mala e sem demora enviou um bilhete à casa de Heidegger anunciando sua chegada. Perplexo, Heidegger imediatamente redigiu uma resposta convidando-a a visitá-lo e foi a pé entregá-la pessoalmente. Ao chegar ao hotel e constatar que Arendt se encontrava, ele pediu para ser anunciado. Eis a reação dela, registrada numa carta que lhe enviou dois dias depois:

> Esta noite e esta manhã são a confirmação de toda uma vida. [...] Quando o garçom anunciou seu nome [...] foi como se de repente o tempo parasse. [...] A força do meu impulso, depois que [Hugo] Friedrich me deu seu endereço, felizmente me impediu de cometer o único deslize e deslealdade verdadeiramente imperdoável da minha vida. [...] Se o tivesse feito, teria sido por orgulho, ou seja, por pura, simples e absurda estupidez. E não por algum motivo real.

Como poderia o primeiro reencontro dos dois em dezessete anos ser a confirmação de uma vida? Que tipo de vida? Elzbieta Ettinger queria levar-nos a crer que Arendt ficou enfeitiçada pelo homem que a havia deflorado um dia, sentindo-se confirmada apenas em seu vínculo romântico da juventude. Mas ao segundo marido, Heinrich Blücher, Arendt escreveu que "nós realmente falamos um com o outro, ao que me pareceu, pela primeira vez na vida" — confirmando a existência de um vínculo mais profundo de pensamento e conversa.

Os primeiros encontros não foram de modo algum fáceis, inclusive por causa da mulher de Heidegger, Elfride, que a essa altura estava a par de tudo e nutria por Arendt uma antipatia compreensivelmente intensa. Mas não demorou para que cartas, presentes e poemas começassem a cruzar o Atlântico, à medida que os antigos amantes tentavam estabelecer uma amizade em novas bases, na presença de uma terceira parte desconfiada e contrariada. No ano que se seguiu, Heidegger tornou-se inusitadamente prolixo, enviando a Arendt dezessete cartas e 32 poemas, com títulos como "Você", "A mulher de longe", "A morte", "Novembro de 1924" (data do primeiro encontro dos dois) e "Vinte e cinco anos" (período desde então transcorrido). Também expressava livremente os pontos de vista apocalípticos a respeito do mundo do pós-guerra que levaram ao rompimento com Jaspers. Afirmava ter descoberto a origem da catástrofe alemã em meados da década de 1930 e ter incorporado suas descobertas em sua obra — sobre Heráclito e Parmênides. Agora, acreditava que uma guerra civil levaria a Alemanha e a Europa ao seu fim. "O mundo torna-se mais desolador", escreveu em 1952, "[...] e a essência da história, cada vez mais misteriosa. [...] Resta apenas a resignação. Ainda assim, não obstante as crescentes ameaças externas em tudo, vejo a chegada de novos — ou melhor — velhos 'segredos'".

Como não chegaram até nós as cartas de Arendt a Heidegger da década de 1950, não sabemos como ela reagiu a essa torrente. Há indicações de que se queixou a Jaspers de ter achado difícil mostrar-se totalmente aberta em suas cartas a Heidegger e que não seria possível um entendimento geral sobre a questão essencial — o período nazista. Jaspers concordou, explicando que Heidegger "não sabe realmente e dificilmente estaria em condições de descobrir que demônio o impeliu a fazer o que fez". Heidegger, com toda a evidência, esperava que Arendt promovesse um encontro dele com Jaspers — "você é o verdadeiro 'e' entre Jaspers e Heidegger" —, o que, no entanto, se revelou impossível. (Na verdade, Arendt escreveu ao marido que em 1956 Jaspers dera um "ultimato" exigindo que ela interrompesse todo contato com Heidegger, mas ela se recusou.)

À medida que os anos 1950 avançavam, a reputação filosófica de Heidegger voltou a subir, especialmente com a publicação progressiva de novas obras re-

42 A MENTE IMPRUDENTE

fletindo sua reorientação. Até meados da década, Arendt continuou a visitar os Heidegger sempre que estava na Europa, mandava-lhes presentes e até começou a tentar providenciar a tradução inglesa de *Ser e tempo*. Mas a intensidade dos contatos começou a diminuir, fosse porque Heidegger não mais precisasse dela, fosse por sentir-se por demais inibida pelo que permanecia não dito. Mas ela jamais perdeu de vista sua dívida intelectual para com Heidegger, que se tornou cada vez mais evidente em suas obras da maturidade. Quando seu livro de maior ambição filosófica, *A condição humana*, foi publicado em alemão sob o título *Vita Activa*, em 1960, ela o enviou a Heidegger com o seguinte bilhete:

> Verá que este livro não tem dedicatória. Se as coisas entre nós tivessem dado certo — e quero dizer entre nós, e não comigo ou com você —, eu teria perguntado se poderia dedicá-lo a você. Ele surgiu diretamente dos primeiros dias em Freiburg [sic], e neste sentido tudo deve a você. Do jeito como as coisas estão, isto me parece impossível; mas de algum modo eu queria pelo menos dizer-lhe como as coisas são realmente.

Ela então redigiu a seguinte dedicatória numa página separada, guardando--a em seus arquivos:

> *Re Vita Activa*
> *A dedicatória deste livro foi omitida.*
> *Como haveria eu de dedicá-lo a você,*
> *Àquele em quem mais confio,*
> *A quem me mantive fiel*
> *E infiel*
> *E ambos apaixonados.*

Heidegger jamais responderia a respeito de *A condição humana*, o que magoou Arendt profundamente. Como escreveria mais tarde a Jaspers, era como se ele a punisse por se ter afirmado como pensadora, no que provavelmente estava certa. Mas seu silêncio torna-se mais compreensível se levarmos em

MARTIN HEIDEGGER, HANNAH ARENDT E KARL JASPERS

conta o que ela tentava realizar nessa obra. Tratava-se, de maneira que ele deve ter entendido, de uma declaração de independência dos aspectos centrais de sua filosofia, especialmente o silêncio por ele mantido quanto à relação entre política e filosofia. Ao defender a dignidade da *vita activa* pública contra as presunçosas alegações da *vita contemplativa* privada, Arendt tentava interpor uma cunha entre a filosofia pura e o pensamento sobre a política, que exigia um vocabulário próprio e obedecia a regras próprias.

Ao ser apresentada como "filósofa" numa entrevista na televisão alemã em 1964, Arendt interrompeu o entrevistador para dizer: "Lamento, mas terei de protestar. Não pertenço ao círculo dos filósofos. Minha profissão, se assim se pode chamar, é a teoria política. Não me sinto uma filósofa nem creio ter sido aceita no círculo dos filósofos." Não era falsa modéstia; ela chegara à conclusão de que existe uma tensão incontornável entre a vida da filosofia e a da política, e queria examinar esta última, como disse, "com os olhos intocados pela filosofia".

Questionada a respeito, ela explicava que em geral os intelectuais encontram dificuldade para pensar com clareza sobre política, em grande medida por enxergarem ideias em ação em tudo. Na década de 1930, disse ela ao entrevistador, os intelectuais alemães "inventaram ideias sobre Hitler, até certo ponto coisas incrivelmente interessantes! Coisas muito acima do nível habitual! Acho isto grotesco". E, ao acrescentar que esses pensadores inevitavelmente ficavam "aprisionados em suas próprias ideias", ela evidentemente pensava em Heidegger. Na verdade, escreveu certa vez em suas anotações privadas uma breve fábula, intitulada "Heidegger, a Raposa", na qual o descrevia como uma criatura patética aprisionada na toca de suas ideias, convencido de que era o mundo inteiro:

> Era uma vez uma raposa tão carente de astúcia que não só era constantemente apanhada em armadilhas como sequer era capaz de identificar a diferença entre uma armadilha e uma não armadilha. [...] Construiu uma armadilha para ser sua toca. [...] "Recebo tantas visitas na minha armadilha que me tornei a melhor de todas as raposas." E também há uma certa verdade nisto: ninguém conhece melhor a natureza das armadilhas do que alguém que fica a vida inteira numa delas.

44 A MENTE IMPRUDENTE

Heidegger permaneceu em seu covil por mais cinco anos até se dignar a comunicar-se com Arendt, mandando-lhe um bilhete de agradecimento pelos seus cumprimentos no seu septuagésimo quinto aniversário. Fazia-lhe então um cumprimento duvidoso, declarando que, "apesar de todas as suas recentes publicações", ele ainda a considerava fiel à vocação filosófica. Mas o gelo seria definitivamente quebrado em 1967, quando ela foi a Freiburg fazer uma conferência e se deu conta, para sua surpresa, de que Heidegger estava de pé no fundo da sala. Começou então sua alocução dando-lhe boas-vindas diante da plateia, grande e provavelmente hostil, e ele ficou sensibilizado. Daquele momento até a súbita morte de Arendt em 1975, eles se manteriam próximos. Ela voltou a fazer peregrinações anuais a Freiburg, dava longas caminhadas com o antigo professor e com ele discutia a natureza da linguagem, trabalhando intensivamente na tradução inglesa dos seus escritos. Nesses últimos oito anos, as cartas tornam-se mais filosóficas e ternas, refletindo um novo clima de respeito mútuo.

Ao contrário de Jaspers, Arendt nunca confrontou Heidegger diretamente em questões políticas, deixando passar sem comentários suas eventuais observações sobre política. Preferiu concentrar-se em Heidegger, o filósofo, louvando seu gênio interpretativo ("ninguém lê nem jamais leu como você") e sua ambição filosófica ("ao pensar o fim da metafísica e da filosofia, você realmente abriu espaço para o pensamento"). A leitura da correspondência tardia feita pela professora Ettinger apresenta Arendt como uma tola submissa que perde seu valioso tempo na tradução das obras dele e o ajuda a vender seus manuscritos. Ettinger também menciona a homenagem feita em 1969 por Arendt, "Martin Heidegger faz 80 anos", como prova de que ainda estava tão envolvida que "fez o possível e o impossível para minimizar e justificar a contribuição de Heidegger ao Terceiro Reich e o apoio que lhe ofereceu". A ideia de que Hannah Arendt fosse capaz de justificar o nazismo de alguém é absurda. Mas é verdade que se eximiu até o fim de seu ensaio de quaisquer referências ao período de Heidegger como reitor e a suas posteriores autojustificativas, apresentando-as apenas numa nota de rodapé. O que levanta uma questão legítima: por quê?

MARTIN HEIDEGGER, HANNAH ARENDT E KARL JASPERS **45**

Hannah Arendt costumava citar com frequência um epigrama de Rahel Varnhagen, que certa vez disse a respeito do historiador conservador Friedrich von Gentz que ele "se apropriou da inverdade com a paixão da verdade". Era exatamente como Arendt passara a ver Heidegger, cuja paixão intelectual ela amava, mas cuja incapacidade de distinguir a verdade óbvia da óbvia inverdade ela também identificava perfeitamente. Sabia que Heidegger era politicamente perigoso, mas parecia acreditar que sua periculosidade se nutria de uma paixão que também inspirava seu pensamento filosófico. O problema de Heidegger era o problema de todos os grandes filósofos, nada mais, nada menos. Suas reflexões precisavam ser cultivadas e protegidas do mundo, mas elas também deviam ser mantidas longe das questões políticas mundanas, que dizem respeito aos outros — cidadãos, estadistas, homens de ação.

Escrevendo em 1969, 45 anos depois de entrar pela primeira vez em seu curso sobre o *Sofista*, Arendt preferiu lembrar acima de tudo como era conhecer um ser humano que vivia para "o pensamento apaixonado", alguém cuja obstinação deixara como legado "algo perfeito". Sem minimizar o significado da terrível decisão de Heidegger, ela passara a vê-la como resultado de uma *déformation professionnelle*, uma "atração para o tirânico" que acompanha a filosofia desde seus primórdios. Em seu estudo inacabado *A vida do espírito*, ela ainda meditava sobre este problema, tentando ver se poderia ser resolvido pelo restabelecimento de distinções entre o pensar, o querer e o julgar. Até seu último dia, Hannah Arendt estaria às voltas com o problema de Heidegger.

Quando Heidegger voltou a ensinar depois de sua aventura como reitor nazista, um colega fez o gracejo que ficaria famoso: "De volta de Siracusa?" Uma referência, claro, às três expedições que Platão fez à Sicília, na esperança de converter o jovem governante Dionísio à filosofia e à justiça. O projeto educativo fracassou, Dionísio continuou um tirano e Platão mal conseguiu escapar com vida. O paralelo tem sido mencionado não poucas vezes em debates sobre Heidegger, dando a entender que seu erro tragicômico foi ter acreditado momentaneamente que a filosofia poderia orientar a política,

46 A MENTE IMPRUDENTE

especialmente a política suja do nacional-socialismo. Esta possibilidade também foi prevista por Platão em sua análise da tirania nos diálogos, especialmente *A República*.

Uma lição prática extraída com frequência de *A República* é que, quando os filósofos tentam tornar-se reis, ou bem sua filosofia será corrompida, ou então a política será corrompida, ou ambas serão. A única coisa sensata, portanto, é separá-las, deixando os filósofos cultivarem seus jardins com toda a sua paixão, mas tratando de mantê-los em quarentena ali, para não causarem danos. É uma solução política para o problema da filosofia e da política, apresentada por Hannah Arendt com certo sucesso em seus textos americanos. Esta posição permitiu-lhe, a seus olhos, manter-se genuinamente em bons termos tanto com a filosofia de Heidegger quanto com a honestidade política.

Saber se seria uma posição defensável já é uma outra questão. Tradicionalmente, duas espécies de objeções, igualmente inspiradas em Platão, têm sido feitas à ideia de que a filosofia e a política podem ser separadas, uma em nome da política, a outra em nome da filosofia. Para os que se preocupam com a honestidade política, banir os tendentes à tirania é uma ideia atraente. Mas, se os filósofos levarem consigo o império da razão, que outro padrão poderá substituí-lo? O que ou quem haverá de se interpor no caminho da tirania? Esta famosa pergunta nos tem acompanhado desde a *República*, que documenta o declínio e a queda de uma cidade imaginária que deu as costas à filosofia. Hannah Arendt tentou tratar desse risco ao seu jeito, de modo não totalmente convincente, recorrendo em diferentes momentos à tradição, à habilidade política, à virtude cívica e por fim à faculdade de "discernimento" como anteparos à tirania.

A segunda objeção tem a ver com a própria vocação da filosofia. As imagens, em Platão, do filósofo louco de paixão na busca da beleza das Ideias, ou da educação filosófica como dolorosa ascensão da caverna escura para a luz do sol, capturam algo do que motiva a vida filosófica, mas não necessariamente a maneira como deve ser vivida. Tal como descrito por Platão no *Fedro* e no *Simpósio*, o amante da filosofia deve ser casto e moderado para sublimar seu impulso erótico e tirar proveito dele. Da mesma forma, o mito da caverna na *República* só chega ao fim quando o filósofo é compelido a deixar a luz do sol e voltar para a caverna para ajudar os semelhantes. A lição de Platão aparentemente é que, para ser completa, a filosofia deve complementar seu conhecimento das Ideias com o conhecimento do reino da sombra da vida pública, no qual as paixões e a ignorância dos seres humanos obscurecem as Ideias. E para que a filosofia possa iluminar essa escuridão, em vez de agravá-la, deve começar domando suas próprias paixões.

A mais tocante passagem das *Notas sobre Martin Heidegger* de Karl Jaspers dirige-se diretamente a Heidegger. "Eu lhe suplico!", escreve Jaspers. "Se algum dia compartilhamos de algo que possa ser chamado de impulsos filosóficos, assuma a responsabilidade pelo seu talento! Ponha-o a serviço da razão, da realidade do valor e das possibilidades humanas, e não a serviço da mágica!" Ele se sentia traído por Heidegger como ser humano, como alemão e como amigo, mas especialmente como filósofo. O que achava que haviam compartilhado nos primeiros anos de amizade era a convicção de que a filosofia era um meio de arrancar a própria existência das garras do lugar-comum e assumir a responsabilidade por ela. Até que viu um novo tirano entrar na alma do amigo, uma paixão selvagem que o induziu equivocadamente a apoiar o pior dos ditadores políticos, em seguida atraindo-o para a feitiçaria intelectual. Recusando-se a deixar Heidegger entregue ao próprio jardim, Jaspers evidenciou maior cuidado com o ex-amigo que Hannah Arendt, além de um amor mais profundo pela vocação da filosofia. No mínimo, o caso Heidegger lhe ensinara uma lição perfeitamente platônica: no eros começam as responsabilidades.

Capítulo II

CARL SCHMITT

CARL SCHMITT NASCEU na pequena cidade de Plettenberg, Vestfália, e lá morreu em 1985, aos 96 anos. Praticamente desconhecido nos Estados Unidos, ele hoje é considerado em muitos países europeus, especialmente na Alemanha, um dos mais importantes teóricos políticos do século XX. Seus livros — os mais importantes deles foram escritos durante os anos da República de Weimar — estão disponíveis em muitas línguas, sendo objeto de intenso debate acadêmico. Nem mesmo o crescente conhecimento das circunstâncias que cercaram a ativa colaboração de Schmitt com o regime nazista diminuiu o interesse pelo homem e sua obra.

A história dessa colaboração é perturbadora. No dia 1º de maio de 1933, sendo professor de direito na Universidade de Colônia, Schmitt aderiu ao partido nazista. Embora nem de longe pudesse ser considerado um participante da vanguarda do movimento, como atesta seu número de membro do partido (2.098.860), sua decisão não chegou realmente a surpreender. Na década anterior, ele se destacara como teórico político e jurídico antiliberal, além de ativo crítico do Tratado de Versalhes e da Constituição de Weimar. Com a desintegração da democracia parlamentar alemã na década de 1920 ao influxo do extremismo político, tanto de esquerda como de direita, Schmitt passou a preconizar um governo ditatorial temporário chefiado pelo presidente do Reich, o que segundo ele seria legal em virtude dos poderes de emergência conferidos pelo artigo 48 da Constituição de Weimar.

Quando o governo alemão finalmente acionou o artigo 48 em 1932, designando um comissário do Reich para o estado da Prússia, na tentativa de conter o crescente poder dos sociais-democratas, Schmitt defendeu a designação perante o Tribunal Constitucional do Estado. Perdeu a causa, mas seus argumentos em favor de poderes de emergência de tal maneira impressionaram os dirigentes nazistas que, ao chegarem ao poder meses depois, eles o convidaram a se tornar um dos assessores jurídicos do regime. Schmitt aceitou, e em questão de meses os jornais se referiam a ele como o "jurista coroado" do Terceiro Reich.

Como outros intelectuais alemães, entre eles Martin Heidegger, Ernst Jünger e Gottfried Benn, Schmitt apoiou publicamente os nazistas nos primeiros dias do Terceiro Reich. Mas, como demonstra Andreas Koenen em seu detalhado livro sobre o "caso" Schmitt, ele foi mais longe que os demais, tornando-se um empenhado defensor oficial do regime nazista.[1] Sob a proteção de Hermann Göring, ele foi nomeado para o Conselho de Estado da Prússia, recebeu uma cátedra universitária em Berlim e passou a editar um importante periódico jurídico. Evidentemente, os nazistas esperavam que Schmitt conferisse respeitabilidade jurídica aos atos de Hitler, e não ficaram decepcionados. Logo depois de entrar para o partido, ele escreveu panfletos defendendo o princípio do Führer, a prioridade do partido nazista e o racismo, sob a alegação de que "todo direito é o direito de um *Volk* particular". Depois da Noite das Facas Longas em junho de 1934, quando Hitler mandou executar Ernst Röhm e seus outros adversários na SA (entre eles um amigo próximo de Schmitt), Schmitt publicou um vergonhoso e influente artigo sustentando que o ato de Hitler "era em si mesmo a mais alta justiça".

Schmitt desceu ao nadir de sua colaboração em outubro de 1936, quando falou numa conferência sobre "Jurisprudência alemã na luta contra o espírito judeu".[2] Nela, exortava ao expurgo de obras judaicas das bibliotecas e esti-

---

[1] Andreas Koenen, *Der Fall Carl Schmitt: Sein Aufstieg zum "Kronjuristen" des Dritten Reiches* (Darmstadt: Wissenschaftliche Buchgesellschaft, 1995).

[2] Esses comentários, nunca reeditados por motivos óbvios, aparecem no periódico jurídico editado por Schmitt: *Deutsche Juristen Zeitung*, 15 de outubro de 1936, páginas 1.193–1.199.

mulava os colegas a evitar a citação de autores judeus, ou, quando inevitável, identificá-los como judeus. "Um autor judeu para nós não tem autoridade." Depois de advertir os colegas de que a conhecida "perspicácia lógica" dos judeus não passava de "uma arma voltada contra nós", ele encerrava citando palavras de Hitler: "Ao repelir os judeus, eu luto pela obra do Senhor."

Na verdade, a alocução de Schmitt foi uma tentativa de rechaçar seus próprios inimigos no governo, num momento em que os nazistas mais radicais e ativos expurgavam aqueles sobre os quais recaía a suspeita de brandura ideológica. Como Heidegger nesse mesmo período, Schmitt tinha suas aulas sob vigilância da SS e era publicamente atacado por juristas nazistas rivais. Fez uma última tentativa de recuperar sua influência entre 1939 e 1941, enunciando uma teoria daquilo que chamou de *Grossraum*, ou esfera de influência geográfica.[3] Embora recorresse à Doutrina Monroe como antecedente e alegasse que a teoria preservaria a paz numa época de democracia de massas e guerra mecanizada, tratava-se de uma evidente tentativa de justificar as ambições imperialistas de Hitler para o Terceiro Reich. (Schmitt alegaria mais tarde que estava tentando modificar e redirecionar essas ambições.) Mas ele não conseguiu salvar sua reputação no regime, sendo quase completamente esquecido à medida que a guerra se transformava em guerra total. Perdeu a maior parte de suas posições oficiais, mas continuou a ensinar na Berlim bombardeada até o fim da guerra.

A fama de Schmitt como "jurista coroado" de Hitler o colocou entre os primeiros da lista de suspeitos a serem interrogados pelas forças aliadas de ocupação em Berlim. Ele foi detido pelos russos, libertado, detido novamente pelos americanos, passou dezoito meses num campo de internação e finalmente foi enviado a Nuremberg para interrogatório. Ao interrogador russo, declarou, arrogante: "Bebi o bacilo nazista, mas não fui infectado." Em linguagem reminiscente das autojustificativas de Heidegger, Schmitt tentou convencer o interrogador americano em Nuremberg de que se sentia superior

---

[3] Günther Maschke editou um volume de artigos de Schmitt sobre o tema: *Staat, Grossraum, Nomos: Arbeiten aus den Jahren 1916–1969* (Berlim: Duncker und Humblot, 1995).

a Hitler e tentara impor sua própria interpretação do nacional-socialismo. Quanto ao Holocausto, lembrou-lhe que "o cristianismo também terminou com o assassinato de milhões de pessoas". No fim das contas, foi libertado e voltou para sua cidade natal, sem jamais voltar a ensinar.

Até o dia de sua morte, Schmitt manteve-se agressivamente sem qualquer arrependimento quanto à sua colaboração. Nos anos do imediato pós-guerra, dedicou muita energia a escrever livros de anotações de autojustificativa, alguns publicados anos atrás na Alemanha sob o título *Glossarium*, numa edição de luxo com marcador folheado a ouro e a assinatura de Schmitt em relevo na capa.[4] O livro causou sensação, deixando até os defensores de Schmitt chocados com a brutalidade de sua linguagem. "Os judeus continuam sendo judeus", escreve Schmitt, "ao passo que os comunistas podem melhorar e mudar. [...] O verdadeiro inimigo é o judeu assimilado". "Melhor a inimizade de Hitler que a amizade desses emigrados e humanitários de retorno." "O que de fato era mais indecente: juntar-se a Hitler em 1933 ou cuspir nele em 1945?" Ele chegou até a escrever um breve poema antissemita, que poderia ser livremente traduzido assim:

> *Todo mundo fala das elites,*
> *Mas os fatos que se recusam a encarar:*
> *existem apenas isra-elites*
> *num grande espaço planetário.*

Schmitt cumpriu seu destino de maneira ignóbil depois da guerra, derramando seu rancor em livros de anotações cheios de lamúrias e autopiedade. Mas, longe de ser esquecido, tornou-se cada vez mais influente com o passar do tempo. Embora cultivasse o mito de se ter recolhido à "segurança do silêncio", era na verdade um incansável propagandista da própria imagem, que nos primeiros anos da Alemanha Ocidental mandava torrentes de cartas

---

4 *Glossarium: Aufzeichnungen der Jahre 1947–1951*, editado por Eberhard Freiherr von Medem (Berlim: Duncker und Humblot, 1991).

CARL SCHMITT

lisonjeiras e livros autografados para qualquer um que achasse suscetível de responder. Uma década depois de sua internação pelos Aliados, a casa de Schmitt em Plettenberg tornou-se local de peregrinação para qualquer um que quisesse debater política com o antigo "jurista coroado".

Mas, embora o próprio Schmitt fosse sem dúvida uma personalidade forte, foi a redescoberta dos seus livros que gradualmente veio a estabelecer sua atual reputação na Europa. Raymond Aron, cujas convicções liberais eram inabaláveis, esteve com Schmitt e manteve correspondência intermitente com ele, referindo-se a ele nas suas *Mémoires* como um grande filósofo social na tradição de Max Weber. Alexandre Kojève, o filósofo russo que na Paris da década de 1930 fazia conferências sobre Hegel frequentadas por importantes intelectuais franceses, visitou Plettenberg na década de 1960, explicando a um conhecido que "Schmitt é o único na Alemanha com quem vale a pena conversar". Jacob Taubes, influente e algo misterioso professor de teologia judaica em Nova York, Jerusalém, Paris e Berlim, sustentava que o Schmitt antissemita, juntamente com Heidegger, estava entre os mais importantes pensadores da nossa época. O ponto de vista favorável de Taubes foi crucial para reintroduzir a obra de Schmitt aos estudantes alemães quando o radicalismo político estava no auge da popularidade na década de 1970; desse modo, ele estimulou um dos mais curiosos fenômenos da recente história intelectual europeia: o schmittismo de esquerda.[5]

Nos dez anos transcorridos desde sua morte, Schmitt tornou-se o pensador político mais intensamente debatido na Alemanha. Não se passa um mês sem que seja publicado no país um livro sobre ele ou uma nova edição

---

[5] Taubes defendeu sua espantosa admiração por Schmitt em artigos e conferências que foram publicados (postumamente) em *Ad Carl Schmitt: Gegenstrebige Fügung* (Berlim, Merve 1987) e *Die Politische Theologie des Paulus* (Munique: Fink, 1993), pp. 132–141. Um caso semelhante de atração de opostos pode ser encontrado nas páginas do periódico político americano *Telos*. Fundado pelos estudantes de esquerda em 1968 como "publicação trimestral internacional de teoria radical", tornando-se afinal, depois de várias mutações, uma "publicação trimestral de pensamento pós-crítico", *Telos* voltou sua atenção para Schmitt em meados da década de 1980 e hoje publica gurus da Nova Direita europeia como Gianfranco Miglio e Alain de Benoist.

56 A MENTE IMPRUDENTE

de seus escritos. O interesse pela vida de Schmitt também é intenso. A trivial biografia publicada por Paul Noack revelou-se suficientemente popular para merecer uma edição em brochura,[6] e existe até uma publicação periódica chamada *Schmittiana*, que reúne novos elementos de correspondência, memórias, bibliografia e fofocas descobertos sobre Schmitt. Como o passado político de Schmitt já é amplamente conhecido, esse intenso interesse a seu respeito — que, a julgar pela quantidade de novas traduções e estudos em inglês, se dissemina — merece exame.

O alcance dos escritos políticos de Carl Schmitt era vasto, e muitas das obras mais importantes ainda não foram traduzidas. Entre elas estão ensaios e livros sobre a história das ideias, a geopolítica, as formas de governo, a relação entre Igreja e Estado e as relações internacionais, além de um imponente tratado, *Doutrina constitucional* (1928), atualmente em sua oitava edição na Alemanha, que ainda é considerado um clássico no assunto.

Mas a melhor introdução ao pensamento de Schmitt continua sendo *O conceito do político*, breve ensaio descrito certa vez por Ernst Jünger como "uma mina que explode em silêncio". Foi publicado inicialmente como artigo de jornal em 1927, sendo ampliado e revisto várias vezes pelo autor, e acaba de ser relançado em tradução inglesa.[7] Nele, Schmitt toma a pergunta com a qual toda teoria política deve começar — Que é a política? — e a reformula da seguinte maneira: Que é "o político" (*das Politische*)? Com "o político", ele não se refere a um modo de vida ou um conjunto de instituições, mas a um critério para tomar certo tipo de decisão. A moral encontra um tal critério na distinção entre bom e mau; a estética, na distinção entre beleza e feiura. Qual o critério adequado à política? Schmitt responde em seu característico estilo oracular: "A distinção política específica à qual os atos e motivações políticos podem ser reduzidos é a distinção entre amigo e inimigo."

---

[6] *Carl Schmitt: Eine Biographie* (Berlim: Propyläen, 1993).

[7] *The Concept of the Political*, tradução de George Schwab (University of Chicago Press, 1996).

CARL SCHMITT

Sobre a natureza da amizade, tema central no pensamento político clássico, praticamente não se encontra uma palavra nos escritos de Schmitt. Ficamos com a impressão de que a amizade surge exclusivamente de animosidades compartilhadas. O inimigo a que ele se refere é um inimigo público, e não privado; para Schmitt, uma coletividade é um organismo político apenas na medida em que tenha inimigos. Se, como alemão, eu considero a França ou a Rússia como minha inimiga, não alimento rancor pessoal contra o francês ou o russo individualmente, e suas qualidades pessoais morais e estéticas me são completamente indiferentes. A inimizade é uma relação definida com precisão que se manifesta quando e apenas quando reconheço que certas pessoas ou grupos são "existencialmente algo diferente e estranho", representando "o outro, o estrangeiro". Schmitt não usa a palavra "existencial" por acaso; acredita que a definição do próprio inimigo é o primeiro passo para definir o próprio eu. "Dize-me quem é teu inimigo e eu lhe direi quem és", escreve ele no seu *Glossarium*; e mais adiante, de maneira mais sucinta, *"Distinguo ergo sum"*.

Se o ato de se distinguir dos inimigos é a essência da política, é porque a política implica a constante ameaça de conflito e, em última instância, a possibilidade de guerra. Thomas Hobbes foi o primeiro a ver a inimizade desenvolvendo-se naturalmente a partir das relações humanas, e em seu tratado *Leviatã* concebeu uma ordem política capaz de controlar a irrupção de hostilidades. Desde Hobbes, os pensadores políticos têm associado a guerra ao colapso da política saudável, tratando-a antes como uma exceção que como a regra.

Schmitt, em contraste, acredita que essas exceções mostram que *tudo* é potencialmente político, pois tudo — moral, religião, economia, artes — pode em casos extremos tornar-se uma questão política, um encontro com um inimigo, transformando-se numa fonte de conflito. Mesmo as nações mais liberais levarão as lâminas dos seus arados do livre mercado à forja para transformá-las em espadas se sentirem que sua sobrevivência está de fato ameaçada. A inimizade simplesmente é um elemento essencial da vida humana: "Toda a vida de um ser humano é uma luta", escreve ele, "e todo ser humano, simbolicamente, um combatente." Um mundo sem guerra seria um mundo sem política; um mundo sem política seria um mundo sem inimizade; e um mundo sem inimizade seria um mundo sem seres humanos.

É importante perceber aqui que Schmitt não chega a essa visão de maneira indutiva, depois de fazer um apanhado dos registros sangrentos da história política. Ele está fazendo uma suposição antropológica sobre a natureza humana que deveria revelar as verdadeiras lições da história. Se aceitarmos essa suposição, pensa Schmitt, devemos concluir que todo agrupamento humano requer um soberano cuja função é decidir o que fazer no caso extremo ou excepcional — e, sobretudo, entrar ou não em guerra com este ou aquele inimigo. A decisão soberana do Estado é apenas isto: uma decisão que não repousa em nenhum princípio universal, nem reconhece vínculos naturais. (Para Schmitt, a prática romana de designar ditadores temporários para romper arbitrariamente um impasse entre classes sociais em competição era a mais clássica expressão da necessidade de decisão soberana.)

Esta doutrina de Schmitt ganhou o nome de "decisionismo". Seu alvo era o liberalismo moderno, que entende o Estado como uma instituição neutra, sob o império da lei, empenhada em promover acordos e resolver disputas entre indivíduos ou grupos. Segundo Schmitt, o ideal liberal de uma ordem mundial moralmente universal e pacificada desenvolveu-se em explícita oposição à inimizade natural entre grupos humanos e à tomada de decisão soberana arbitrária. Como ele não se baseia naqueles que Schmitt considerava os elementos fundamentais da política, ele afirmava que "não existe absolutamente política liberal, apenas uma crítica liberal da política".

Esta afirmação levanta uma dificuldade conceitual que Schmitt nunca foi capaz de resolver. Às vezes ele fala como se o liberalismo tivesse conseguido superar a inimizade natural, sendo isto de se lamentar. Com frequência se queixa de que vivemos uma "era de neutralização e despolitização", tendo sido as saudáveis tensões da vida política dissolvidas pelo consumo privado, pelo entretenimento público e pela "perpétua discussão" — todos associados por ele ao liberalismo. Mas ele também declara que o liberalismo é político, mas de maneira malsucedida. As fraquezas dos governos liberais — seu

CARL SCHMITT

pesado formalismo legal, a "neutralidade" hipócrita, a oscilação entre pacifismo militar e cruzadas morais — resultam das tentativas de escapar à inimizade natural que define sua própria existência política. Em qualquer dos dois casos, do seu ponto de vista, o liberalismo é desprezível.

Os abundantes textos sobre política e jurisprudência produzidos por Schmitt antes da guerra, sobre os quais repousa sua fama, podem ser lidos como aplicações dos princípios da inimizade política e do decisionismo soberano formulados em *O conceito do político*. Em *Legalidade e legitimidade* (1932), ele sustentou que o caos da política de Weimar decorreu da falta de disposição dos liberais de confrontar seus próprios inimigos internos de extrema esquerda e extrema direita. Criticou a Constituição de Weimar por permitir o pluralismo parlamentar e os procedimentos legais que estimulavam debates sem fim, sem fornecer uma forma de manter a unidade e a legitimidade do regime. Também sustentou em *O guardião da Constituição* (1931) que nenhum indivíduo ou instituição em Weimar foi responsável pela defesa da Constituição e, portanto, da nação contra os inimigos internos da direita e da esquerda radicais. Este ponto de vista, cabe notar, era compartilhado por muitos juristas alemães na época.

O supremo problema com o liberalismo, segundo Schmitt, é o fato de temer mais as decisões que os inimigos; mas as decisões soberanas são inevitáveis na política, mesmo as que se baseiam em princípios democráticos. Tendo partido de uma suposição sobre o caráter beligerante da natureza humana, Schmitt tenta então encontrar provas históricas da permanente necessidade política de controlá-lo arbitrariamente. Seu livro *A ditadura* (1921), uma história da instituição, desde a época romana até a "ditadura do proletariado" soviética, tenta sutilmente restabelecer a legitimidade conceitual da ditadura, afirmando que a recusa em aceitar a necessidade de uma ditadura moderada e temporária dera origem a ditaduras absolutas. A este livro seguiu-se *A condição intelectual do parlamentarismo contemporâneo* (1923), análise muito influente na qual ele sustentava que as ditaduras temporárias, que executam imediatamente a vontade de um povo unido, são mais coerentes com o governo democrático que o parlamentarismo liberal,

60 A MENTE IMPRUDENTE

que governa indiretamente por meio de procedimentos e elites.[8] Até seu clássico tratado *Doutrina constitucional* escora-se na afirmação de que as Constituições não são "absolutas", limitando-se a conferir uma forma concreta à singularidade de um *Volk* (conceito que permanece incomodamente vago nos textos de Schmitt). Dependem, portanto, de uma "decisão política anterior" que confere a esse povo "existência, integridade e segurança".

Os trabalhos de Schmitt no pós-guerra, apesar de menos polêmicos que os anteriores, podem ser considerados ainda mais ambiciosos. Em *O nomos da terra* (1950), ele esboçou uma história mítica das relações internacionais com base na relação da inimizade humana com a conquista de terra, mar e ar. Schmitt via na crescente capacidade geográfica do homem moderno de se deslocar e exercer influência ao redor do planeta a causa da simultânea dissolução da soberania e ampliação da inimizade. O resultado dessas tendências no nosso século, dá a entender, serão as guerras totais, travadas por países contra inimigos absolutos, utilizando todos os recursos e orientadas por princípios morais universais mas impossíveis de aplicar. Em *Teoria do partisan* (1963), Schmitt especulou ainda que a ascensão da guerra de guerrilha e do terrorismo estava ligada a esses mesmos processos históricos, à medida que as guerras entre nações deram lugar a guerras civis ou guerras de libertação nacional travadas por redes supranacionais de *partisans*. Embora evidentemente preferisse o velho sistema de esferas de influência dominadas por soberanos inimigos conduzindo guerras nacionais limitadas (o que chamava de sistema de *Grossräume*), Schmitt não manifestava qualquer nostalgia. O tom em suas derradeiras obras é tranquilo e analítico.

A influência de Schmitt deve muito a seu estilo direto e lapidar, livre dos habituais fardos da *Wissenschaft* alemã. Em comparação com as obras

---

[8] Embora o título alemão desta obra, *Die geistesgeschichtliche Lage des heutigen Parliamentarismus,* seja praticamente impossível de traduzir para o inglês, o título escolhido para a edição do MIT, *The Crisis of Parliamentary Democracy,* em tradução de Ellen Kennedy (1985), é equivocado, pois Schmitt considera que o "parlamentarismo" não é democrático, carecendo, portanto, de legitimidade. [A edição brasileira, *A crise da democracia parlamentar* (Scritta, 1996), segue a opção de título americana. (*N. da E.*)]

CARL SCHMITT

barrocas dos seus contemporâneos na academia (e dos nossos), seus livros, em geral pequenos, têm uma rara qualidade poética. Talvez seja uma demonstração dos dotes literários de Schmitt o fato de continuar sendo amplamente lido hoje em dia, não obstante serem do conhecimento público o seu nazismo e o seu antissemitismo, e de tantos na Alemanha continuarem vendo nele hoje uma fonte de instrução e até de inspiração.

Mas existem motivos mais imediatos para que as obras políticas de Schmitt estejam sendo estudadas hoje. Um deles é que suas preocupações políticas — soberania, unidade nacional, os riscos de ignorar a inimizade entre as nações, estabilidade constitucional, guerra — mais uma vez se tornaram temas centrais da política europeia. Outro é que ele está entre os poucos teóricos políticos preocupados com questões como as que a Alemanha enfrentou neste século, e o único entre os maiores que se manteve ativo depois da guerra. A Alemanha Ocidental produziu vários importantes historiadores políticos, mas a filosofia política foi dominada pelo marxismo e pela Escola de Frankfurt, que até recentemente tendia a descartar questões políticas tradicionais como a soberania, o constitucionalismo e a autoafirmação nacional. Nesse vácuo, tanto a esquerda quanto a direita têm argumentado agora que é Schmitt o pensador com quem mais temos a aprender sobre os problemas "do político".

A argumentação conservadora quanto à necessidade de estudar Schmitt tem sido muito popular na literatura acadêmica e na imprensa conservadora alemã, tendo inclusive influenciado historiadores respeitados como Reinhart Koselleck e juristas como Ernst-Wolfgang Böckenförde. Ela se apresenta publicamente como um corretivo realista ao liberalismo, e não como uma alternativa a ele. Toma de empréstimo a Schmitt a convicção de que as ideias sobre as quais parece basear-se o liberalismo — individualismo, direitos humanos, o império da lei — são ficções e de que os verdadeiros alicerces da vida política nacional — unidade, liderança, autoridade, decisões arbitrárias — são iliberais. Embora as ficções liberais possam ser nobres e até necessárias para a condução dos negócios habituais do governo moderno, estadistas e teóricos políticos precisam manter os olhos fixos nas forças que realmente movem a política. Quando eles tentam cultivar o liberalismo negligenciando os autênticos alicerces de uma ordem política, os resultados são desastrosos, especialmente na política externa. Desde as duas guerras mundiais, os liberais ocidentais consideram a guerra "impensável". Na visão dos admiradores conservadores de Schmitt, isto significa apenas que a guerra tornou-se mais imprudente, e não menos frequente ou brutal. Todos os governos liberais — inclusive na Alemanha — precisam dispor-se a ajudar os amigos e causar dano aos inimigos.

A argumentação de esquerda em favor do estudo de Schmitt certamente é uma curiosidade, mas também mais interessante e radical que a conservadora. Nas entrevistas com Schmitt publicadas pelo maoísta Joachim Schickel ou nos livros mais recentes da autora francesa Chantal Mouffe, encontramos maior disposição de afirmar abertamente uma oposição ao liberalismo num espírito mais próximo do próprio Schmitt.[9] Os autores de esquerda igualmente partem do seu pressuposto de que as ideias liberais são ficções; então dão o passo seguinte, que consiste em argumentar que essas ideias também são armas ideológicas de uma classe dominante, que as estabeleceram no imaginário público por decisão arbitrária. A "neutralidade" liberal (sempre com aspas irônicas) atende na verdade aos interesses de classes particulares, proporcionando uma estrutura para as forças de dominação com a ajuda de instituições, como as escolas e a imprensa, e de ideias repressivas, como a tolerância, disfarçadas de liberação. Na visão de certos esquerdistas europeus, Schmitt era um democrata radical (ainda que de direita) cujo brutal realismo pode nos ajudar hoje a redescobrir "o político" e restabelecer um senso de legitimidade através da vontade popular. Sua crítica do parlamentarismo e do princípio de neutralidade pode ser vista, de um ponto de vista de esquerda, como reveladora da dominação nas sociedades liberais;

---

9 Joachim Schickel, *Gespräche mit Carl Schmitt* (Berlim: Merve, 1993) e Chantal Mouffe, editora, *The Return of the Political* (Londres: Verso, 1996).

CARL SCHMITT

considera-se que sua despudorada defesa da distinção amigo–inimigo nos lembra que a política é, acima de tudo, luta.[10]

A transição de Herbert Marcuse para Carl Schmitt, em certa medida passando pelas ideias de Michel Foucault sobre poder e dominação, revelou--se incrivelmente fácil para uma parte pequena mas importante da opinião de esquerda na Alemanha, na França e na Itália, a partir da década de 1970. Não era um simples caso de *les extrèmes se touchent*. O antiliberalismo de Schmitt representava um bem-vindo sucedâneo para as teorias econômicas e históricas marxistas, já então caídas em descrédito. O fato de as obras mais tardias de Schmitt também tratarem do fim do colonialismo, da ascensão da guerra de guerrilha e dos riscos da globalização econômica tornava-o ainda mais atraente para os elementos livre-pensantes da esquerda europeia. Não surpreende, assim, que jovens revolucionários que um dia haviam cortado cana em Cuba tomassem o trem para Plettenberg, compartilhando as cabines com seus adversários conservadores.

A julgar, então, pelas descrições mais recentes do pensamento de Schmitt, ele foi (dependendo das preferências de cada um) um teórico político clássico que estudou os alicerces da política sem ilusões morais liberais ou um crítico radical da hipocrisia e da ideologia liberais. Mas essas visões de seu legado intelectual não fazem propriamente justiça às ambições mais profundas de Schmitt, que não eram as de um mero comentarista da política contemporânea. Constata-se naqueles que estudam e promovem Schmitt hoje em dia, quaisquer que sejam suas motivações partidárias, uma flagrante falta de seriedade, além da relutância em investigar muito profundamente seu universo moral. Pois, mesmo se deixarmos de lado a maneira como Schmitt aplicou suas doutrinas

---

[10] Em artigo publicado em 1982, Joschka Fischer, na época ministro de Relações Exteriores da Alemanha, explicou a atração da esquerda por Schmitt nos seguintes termos: "Durante as revoltas estudantis, tanto Ernst Jünger quanto Carl Schmitt já eram considerados na SDS [União dos Estudantes Alemães Socialistas] como uma espécie de 'aposta infalível' intelectual, com uma aura de obscenidade intelectual. Eram fascistas, naturalmente, mas ainda assim lidos com grande interesse. Quanto mais militante se tornava a revolta à medida que o 'combatente' se aproximava do centro dos acontecimentos, mais óbvios se tornavam os paralelos."

64 A MENTE IMPRUDENTE

às circunstâncias políticas de sua época, ainda ficamos nos perguntando qual seria de fato a base dessas doutrinas. O que leva Schmitt a se convencer de que a inimizade humana é tão fundamental existencialmente? Por que se mostra tão decidido a apresentar a ordem política como repousando inteiramente na decisão arbitrária de uma soberania às vezes oculta? O que torna a sociedade liberal tão desprezível a seus olhos? O próprio Schmitt defende seus pontos de vista alegando estar reduzindo os fenômenos políticos a seus princípios básicos. Não poderia ser mais adequado, então, buscarmos identificar seus próprios pressupostos e motivações mais profundos.

O primeiro crítico a submeter a obra de Schmitt a um exame dessa natureza foi Leo Strauss, o filósofo político judeu alemão que mais tarde faria ilustre carreira na Universidade de Chicago. Em 1932, Strauss, ainda jovem, publicou uma resenha de *O conceito do político*, considerada pelo próprio Schmitt o texto mais penetrante escrito sobre seu ensaio.[11] Na época, Strauss compartilhava de muitos pontos de vista de Schmitt sobre os fracassos do liberalismo moderno, mas também tomava nota dos equívocos da argumentação contra ele sustentada por Schmitt. Hobbes presumiu uma natural beligerância no homem para sustentar a necessidade de controlá--la. Schmitt, por sua vez, argumentava contra as tentativas do liberalismo de controlar a inimizade humana, por ele vista como natural e necessária, dando todas as indicações de pretender intensificá-la. Strauss percebeu que Schmitt não estava apenas dando lição de moral aos liberais utópicos sobre uma incontornável "lógica do político"; ele era, na verdade, um admirador da "força animal" que preconizava a inimizade política e o decisionismo. Nas palavras de Strauss, a polêmica de Schmitt destinava-se a "abrir campo para a batalha decisiva" entre a fé liberal e "o espírito e a fé opostos, que, ao que parece, ainda não têm nome".

---

11 Essa resenha é reproduzida na tradução inglesa de *O conceito do político* e em *Carl Schmitt e Leo Strauss*, de Heinrich Meier, discutido mais adiante. Schmitt ficou tão impressionado com a crítica de Strauss que o recomendou para uma bolsa Rockefeller de pesquisa no exterior, recomendação que, quis o destino, poupou Strauss dos acontecimentos que logo sobreviriam na Alemanha.

CARL SCHMITT

Strauss pôs em dúvida a imagem cuidadosamente cultivada de Schmitt como realista político, mas não especulou mais sobre o conteúdo dessa fé sem nome. Esta tarefa seria abraçada por Heinrich Meier, diligente intelectual alemão que em 1988 escreveu um livro de densa argumentação afirmando que Schmitt reconheceu a força das críticas de Strauss e, à luz delas, alterou substancialmente edições posteriores de *O conceito do político*. O trabalho de detetive de Meier, publicado com o título *Carl Schmitt e Leo Strauss: Um diálogo oblíquo*, sustentava a necessidade de encarar Schmitt basicamente como um "teólogo político" cujas ambições tinham sido expostas pelo "filósofo político" Strauss.[12]

Embora Schmitt de fato tivesse publicado em 1922 um pequeno livro intitulado *Teologia política*, muitos especialistas em sua obra consideraram a tese de Meier forçada e idiossincrática, e a certa altura eu mesmo compartilhei desse ponto de vista. Mas, quando o *Glossarium* de Schmitt foi publicado em 1991 e os leitores alemães descobriram estranhos reflexos teológicos em praticamente cada página, o livro de Meier recebeu uma inesperada confirmação. Desde então, boa parte dos estudos sobre Schmitt concentram-se nos aspectos teológicos do seu pensamento. Alguns desses trabalhos, como vemos no volume editado por Bernd Wacker, associam Schmitt de maneira muito útil à crise geral da teologia e do pensamento político alemães do início do século, especialmente a pensadores protestantes e católicos como Karl Barth, Friedrich Gogarten e Erik Peterson. Muitos deles, como o inflado e dispersivo livro de Günter Meuter sobre a "crítica fundamentalista da época" enunciada por Schmitt, simplesmente confundem mais as questões.[13]

---

[12] Heinrich Meier, *Carl Schmitt and Leo Strauss: The Hidden Dialogue* (University of Chicago Press, 1995).

[13] Bern Wacker, editor, *Die eigentlich katholische Verschärfung: Konfession, Theologie und Politik im Werk Carl Schmitts* (Munique: Fink, 1994); Günter Meuter, *Der Katechon: Zu Carl Schmitts fundamentalistischer Kritik der Zeit* (Berlim: Duncker und Humblot, 1994). Ver também, mais recentemente, Ruth Groh, *Arbeit an der Heillosigkeit der Welt: Zur politisch-theologischen Mythologie und Anthropologie Carl Schmitts* (Frankfurt: Suhrkamp, 1998).

A MENTE IMPRUDENTE

Bem acima do resto, contudo, está o estudo de Heinrich Meier, *A lição de Carl Schmitt*, cobrindo todas as obras de Schmitt, inclusive o *Glossarium*.[14] O livro mostra que Meier é um leitor teologicamente "musical" de Schmitt (Walter Benjamin foi outro) que ouve os profundos acordes religiosos ressoando sob a superfície de sua sedutora prosa. O trabalho de Meier obrigou todo o mundo a examinar de novo os pressupostos por trás dos escritos mais conhecidos de Schmitt e reconsiderar alguns que vinham sendo ignorados.

Um dos trabalhos meio esquecidos, mas explicitamente teológicos de Schmitt, é também um dos primeiros — *Catolicismo romano e forma política* (1923) — que teve uma nova tradução inglesa há alguns anos.[15] Esta obra é importante por mostrar que por trás do realismo superficial de Schmitt estão conceitos muito firmes sobre a ordem política ideal e como a Igreja Católica em dado momento chegou perto de encarná-la. A grande virtude política da Igreja, escreve ele, é ter-se encarado sempre como um *complexio oppositorum*, um complexo de opostos doutrinários e sociais convergindo para uma unidade harmônica. A Igreja coloca a necessidade de unidade acima de tudo, pois precisa governar com autoridade a sociedade e representá-la perante Deus. Ampliando as ideias de Max Weber, a quem muito devia, Schmitt sustentava que a autoridade da Igreja é legitimada simbolicamente pelo ritual, e não legalmente, mediante regras neutras; ela se vê como representante de todo o corpo de fiéis, e não de indivíduos particulares. Schmitt considerava que a visão da boa ordem política sustentada pela Igreja passou a ser atacada na era moderna, ameaçada pela ideia de individualismo político e por uma economia capitalista que subordinava os fins sociais aos meios calculistas. Embora não se iludisse quanto ao fato de a Igreja ter reconquistado autoridade política na Europa moderna, ele tinha uma ideia muito precisa (ainda que fictícia) do mundo cristão unificado que havíamos perdido, que continuou sendo seu padrão para avaliar todos os subsequentes desdobramentos políticos.

---

[14] Heinrich Meier, *The Lesson of Carl Schmitt: Four Chapters on the Distinction between Political Theology and Political Philosophy* (University of Chicago Press, 1998).

[15] *Roman Catholicism and Political Form*, tradução de G. L. Ulmen (Greenwood Press, 1996).

CARL SCHMITT

Isto não significa que Schmitt fosse um pensador católico num sentido tradicional. Apesar de ter nascido em uma família católica conservadora, suas especulações teológicas são uma mistura perfeitamente pessoal de existencialismo moderno e heresias pré-modernas reprimidas pela Igreja séculos atrás. O Deus de Schmitt não é o Deus de São Tomás, governando um mundo natural racionalmente ordenado no qual os seres humanos encontram seu lugar, mas um Deus oculto que toma decisões, um soberano que já revelou as verdades divinas de uma vez por todas e cuja autoridade representa o único alicerce dessas verdades. E a verdade central que Ele nos revelou é que tudo é uma questão de política divina. Em seu breve e convincente ensaio *Teologia política* (1922), Schmitt escreve:

> O político é o total, e em consequência sabemos que qualquer decisão para saber se algo é *apolítico* sempre será uma decisão *política*. [...] Isto também vale para a questão de saber se determinada teologia é uma teologia política ou apolítica.

Como explica Heinrich Meier, esta equação de política e teologia é para Schmitt uma verdade revelada inacessível à investigação racional da filosofia secular, que é incapaz de penetrar o mistério da revelação. A certa altura, é necessário simplesmente decidir — seja no que diz respeito à política ou à fé. O soberano decide sobre a ação política e nós precisamos decidir quanto à questão "Cristo ou Barrabás?". O problema com os liberais, observa Schmitt ironicamente, é que respondem a essa questão com uma proposta de adiamento ou designação de uma comissão de investigação.

Se o decisionismo de Schmitt é de difícil explicação em categorias teológicas ortodoxas, seu princípio da inimizade política é impossível de conciliar com seu declarado cristianismo. Embora recorra à doutrina do pecado original, escrevendo que "todas as autênticas teorias políticas pressupõem que o homem é mau", a distinção que estabelece entre amigo e inimigo está mais próxima da sede de sangue gnóstica de Joseph de Maistre que do Sermão da Montanha. Em vários momentos ele fala da criação do mundo como algo decorrente de uma luta divina, e para ele o conflito humano parece uma reencenação dessa luta, desejada por um Deus que nos condenou a ser políticos. Caim foi lançado contra Abel, Esaú contra Jacó e Satã contra toda a humanidade, a quem Deus disse: "Porei hostilidade entre ti e a mulher, e entre tua linhagem e a linhagem dela" (Gênesis, 3:15). Em *O conceito do político*, Schmitt constata que o verdadeiro caráter da inimizade política humana foi capturado num discurso de Oliver Cromwell, que certa vez se referiu à Espanha papista como "o inimigo natural, o inimigo providencial [cuja] inimizade é nele colocada por Deus". Comentando esta passagem, Meier observa que Schmitt aparentemente acreditava "que o inimigo faz parte da ordem divina e que a guerra tem o caráter de um julgamento divino".

Vista sob este ângulo, a busca liberal de paz e segurança representa uma rebelião contra Deus; e a serpente que nos tentou ninguém mais era que Thomas Hobbes. Schmitt, que às vezes é equivocadamente tomado por um hobbesiano, escreveu na verdade um estudo crítico a seu respeito, *Der Leviathan in der Staatslehre des Thomas Hobbes* [O Leviatã na teoria do Estado de Thomas Hobbes] (1938), recentemente publicado em inglês.[16] Trata-se talvez da obra mais autorreveladora e (não por acaso) mais antissemita de Schmitt, e Meier tem razão ao se concentrar nela. Como Schmitt, Hobbes considerava o homem beligerante e a religião simultaneamente uma fonte de unidade política e de conflito. Mas, em vez de aceitar o perpétuo conflito como preço a ser pago pela unidade oferecida por uma organização social cristã, Hobbes, na análise de Schmitt, concebeu uma organização social absolutamente secular governada de forma mecanicista por um "Deus mortal" que seria a força controladora central numa religião civil — vale dizer, não cristã. Ao substituir o verdadeiro Deus por um Deus humano, alega Schmitt, Hobbes ensinou à Europa cristã como fugir da ordem divina de Deus: "combater o teu inimigo."

---

[16] *The Leviathan in the State Theory of Thomas Hobbes: Meaning and Failure of a Political Symbol*, tradução de George Schwab e Erna Hilfstein (Greenwood Press, 1996).

No raciocínio de Schmitt, os verdadeiros beneficiários da moderna paz liberal não seriam os covardes e ateus, mas os judeus, os quintessenciais "estrangeiros" domésticos. É o que ficamos sabendo, diz ele, ao estudar Spinoza, "o primeiro judeu liberal", que, seguindo Hobbes, pregava a tolerância das crenças religiosas privadas. Este princípio induziu os cristãos a baixar a guarda e permitir que os judeus perseguissem sua "vontade de poder" nas lojas maçônicas, nas sinagogas e nos círculos literários, que por sua vez geraram a ordem política e econômica hoje dominada pelos judeus. De acordo com uma antiga tradição cabalística, afirma Schmitt, os judeus ficam à margem enquanto os povos cristãos atendem à convocação de Deus para a batalha, e os judeus "então comem a carne dos que foram mortos e dela vivem". O liberalismo simplesmente institucionaliza essa prática.[17]

O Estado secular liberal, assim, é produto de uma batalha, não entre nações ou classes, mas entre o homem e Deus. O homem decidiu que a inimizade entre seres humanos determinada por Deus era por demais dura; preferiu a paz e a abundância aos milagres dos santos e às decisões de governantes soberanos. A figura prototípica da era moderna é o romântico, um novo tipo humano penetrantemente dissecado por Schmitt em *O romantismo político* (1919). Livre de Deus e dos governantes, acomodado no conforto da vida burguesa, o romântico é uma casca vazia de homem que volteja de um compromisso a outro em função da ocasião, familiarizado com todas as crenças mas sem acreditar em nenhuma.

Contra o romântico com seu liberalismo tolerante se posiciona toda uma série de revolucionários e reacionários modernos que continuam a encarar as lutas políticas nos termos apocalípticos da guerra religiosa. O lema do anarquista Bakunin, *"Ni Dieu, ni maître"*, ganhou para ele o respeito de Schmitt, como o "teólogo do antiteológico, o ditador do antiditatorial", enquanto o contrarrevolucionário católico novecentista Donoso Cortés é elogiado pelo mesmo Schmitt por se dar conta da qualidade satânica existente na rebelião

---

[17] A relação de Schmitt com a "questão judaica" é o tema do abrangente estudo *Carl Schmitt und die Juden*, de Rafael Gross (Frankfurt: Suhrkamp, 2000).

70   A MENTE IMPRUDENTE

do homem. Inimigos nos grandes conflitos das revoluções de 1848, esses dois entenderam com precisão um ao outro; viram as decisões que tinham pela frente e as tomaram sem vacilar.

Os que clamam por decisões "existenciais" sempre dão um jeito de viver em épocas decisivas. Como demonstra Meier no excelente capítulo conclusivo do seu estudo, Schmitt via o próprio trabalho como um anteparo às forças da história moderna, que a seu ver entrara numa crise. "Sou um teólogo da jurisprudência", escreve ele no *Glossarium*. Era, ele escreveu, um adepto fervoroso de "uma real intensificação católica (contra os neutralizadores, os decadentes estéticos, contra os aborcionistas, os queimadores de cadáveres e os pacifistas)". Os judeus não eram alvos aleatórios da ira de Schmitt; nem era o seu antissemitismo calculado meramente para adular os dirigentes nazistas.[18] Em sua demonologia, os judeus representavam o inimigo "providencial" ao qual se deve resistir, realizando "a obra do Senhor".

O fato de Schmitt nunca ter considerado que sua decisão de apoiar os nazistas fosse mais que um erro tático também é perfeitamente coerente com sua teologia política. Nele, a romantização das instituições católicas, o enaltecimento de Mussolini, as tentativas de salvar a legitimidade democrática do legalismo do sistema de Weimar e o trabalho para Hitler, apesar de incoerentes, refletem a disposição de estimular qualquer força capaz de

---

[18] George Schwab, o primeiro promotor americano de Schmitt, continua sustentando uma interpretação "estratégica" das mais chocantes declarações antissemitas de Schmitt, como ficamos sabendo em seu prefácio à nova tradução de *O Leviatã na teoria do Estado de Thomas Hobbes*. Apesar de reconhecer que Schmitt claramente acusa os judeus por explorarem a teoria de Hobbes, Schwab insiste em que o sempre perseguido Schmitt tinha "neutralizado" o "veneno" que a eles reservara em seu infame discurso no Juristentag em 1936, passando agora a incluir católicos, presbiterianos e maçons em seu ataque; observa então que o livro revela-se "incrivelmente livre de jargão nazista" (pp. xx-xxi).

Para agravar as coisas, Schwab relata então ingenuamente o comentário que Schmitt faria mais tarde em conversa com ele de que o problema judaico fora resolvido, agora que "afinal eles [os judeus] voltaram a ter contato com um solo que podem considerar seu" — como se essa clássica manifestação do antissemitismo no pós-guerra fosse simplesmente mais uma faceta dos velhos pontos de vista de Schmitt sobre a jurisprudência liberal. Felizmente a tradução inglesa desta obra é fiel ao original alemão e permite ao leitor crítico entender Schmitt nessa questão da maneira como ele próprio se entendia.

CARL SCHMITT

combater uma época liberal secularizada. Repetidas vezes ele se apresenta como um *katechon*, palavra grega usada por São Paulo ao se referir à força que rechaça o Anticristo até o Segundo Advento (2 Tessalonicenses 2:6). Quanto a suas especulações sobre o novo "*nomos* da terra", refletem mais que tudo os anseios messiânicos de um pensador apocalíptico que envelhece.

O tratamento conferido por Heinrich Meier aos escritos de Schmitt é moralmente analítico sem ser moralizante, feito notável considerando-se o passado de Schmitt. Ele quer entender o que Schmitt buscava, em vez de descartá-lo categoricamente ou expurgar seu pensamento com objetivos políticos contemporâneos. E, se essa seriedade leva Meier a exagerar consideravelmente a importância do próprio Schmitt como pensador, tem a vantagem de lançar luz indiretamente sobre um fenômeno importante que ele representa na sociedade liberal.

Como qualquer outra doutrina política, o liberalismo tem pressupostos a respeito das coisas humanas e divinas, e tais pressupostos estão, e deveriam permanecer, abertos à reflexão desinteressada. Os que questionam seriamente esses pressupostos não estão errados por fazê-lo e seus argumentos devem ser considerados. Mas durante quase dois séculos os defensores das ideias liberais também foram confrontados por opositores como Schmitt, tão convencidos de que a era moderna representa um erro cósmico que se dispõem a levar em conta qualquer extremo, intelectual ou político, para corrigi-la. Embora poucos dos promotores contemporâneos de Schmitt possam compartilhar de sua peculiar visão teológica, muitos ostentam sua violenta aversão à sociedade liberal e, como ele, anseiam apaixonadamente por um novo arranjo. Considerando-se a força dessas paixões, além do dano que podem causar, devemos ter o cuidado de distinguir os críticos autenticamente filosóficos do liberalismo daqueles que praticam a política do desespero teológico. Todo aquele que tentar aprender com Carl Schmitt sem estabelecer essa distinção elementar nada terá aprendido.

Capítulo III

Walter Benjamin

EM 1968, HANNAH Arendt editou *Illuminations*, a primeira coletânea de ensaios de Walter Benjamin a ser publicada em inglês. Na época, pouco se sabia de Benjamin fora da Alemanha, exceto que fora um talentoso e idiossincrático crítico literário que se suicidara ao fugir dos nazistas em 1940. Os ensaios escolhidos por Arendt para *Illuminations* refletiam basicamente seus melhores feitos literários, entre os quais densas ruminações sobre Kafka, Baudelaire, Proust, Brecht e Leskov, além de um encantador ensaio sobre o hábito de colecionar livros. Só os dois últimos ensaios, sobre a reprodução mecânica das obras de arte e sobre a filosofia da história, dão alguma pista das ambições filosóficas mais profundas de Benjamin.

Na Alemanha, no entanto, já transcorria um acerbo debate a respeito dessas ambições quando foi publicado *Illuminations*. Theodor Adorno e sua mulher, Gretel, tinham editado a primeira coletânea alemã de textos seletos de Benjamin em meados da década de 1950. Esses dois volumes pretendiam garantir a Benjamin um lugar no panteão da Escola de Frankfurt, que o havia apoiado e publicado na década de 1930. Nos anos 1960, contudo, os Adorno foram alvo de pesados ataques, geralmente inescrupulosos, de membros da Nova Esquerda alemã, que os acusavam de expurgar o marxismo revolucionário de Benjamin. Esta disputa política só seria intensificada com a publicação em 1966 da correspondência seleta de Benjamin, editada conjuntamente por Theodor Adorno e o historiador judeu Gershom Scholem, um dos mais antigos amigos de Benjamin. Essas cartas mostravam

A MENTE IMPRUDENTE

que, apesar de Benjamin ter se declarado uma espécie de marxista a partir de meados da década de 1920, esteve sempre, dos primeiros aos últimos dias, profundamente absorvido por questões teológicas. Este aspecto do seu pensamento manifesta-se mais claramente nas trocas com Scholem, que representam a maior parte da sua correspondência que chegou até nós. O que começou na Alemanha como uma mesquinha disputa em torno do legado de Benjamin logo se transformou numa importante controvérsia sobre a relação entre ideias políticas e teológicas.

Em 1994, uma edição dessas cartas escolhidas foi traduzida e publicada em inglês como *The Correspondence of Walter Benjamin, 1910-1940*.[1] Embora de um ponto de vista puramente editorial esse volume deixe muito a desejar, o fato é que proporcionou ao leitor de língua inglesa uma janela para um aspecto importante — e mesmo decisivo — do pensamento de Benjamin. A visão convencional de Benjamin no mundo anglo-americano é que ele teve êxito onde outros fracassaram, no sentido de associar um marxismo aceitável a uma crítica perceptiva e imaginosa, oferecendo um exemplo a ser

---

[1] *The Correspondence of Walter Benjamin, 1910-1940*, editado e anotado por Gershom Scholem e Theodor W. Adorno, tradução de Manfred Jacobson e Evelyn Jacobson (University of Chicago Press, 1994). Os problemas com essa edição são muitos, a começar pelo fato de que, em virtude de obrigações contratuais, a University of Chicago Press não pôde adicionar qualquer aparato crítico, deixando os leitores no escuro a respeito de muitas referências oblíquas feitas pelos correspondentes. Além disso, por razões próprias, a editora optou por oferecer poucas informações sobre a relação do livro com o original alemão, sendo algumas delas incorretas. Uma breve "Nota sobre as fontes" contém a estranha afirmação de que, embora os direitos autorais da edição original fossem de 1966, ela "só foi publicada em 1978". (Na verdade, o livro original alemão foi publicado em 1966; a edição de 1978 era uma versão revista.) É feita então a observação de que 33 das 332 cartas tinham sido originalmente traduzidas em *The Correspondence of Walter Benjamin and Gershom Scholem, 1932-1940* (Schocken, 1989), sem maiores explicações. Mas esse importante volume é a tradução de uma coletânea alemã de 1980 que contém grande número das cartas do próprio Scholem a Benjamin, milagrosamente preservadas num arquivo da Alemanha Oriental e só liberadas em 1977. A relação entre o volume de Chicago e esses quatro outros volumes — as duas edições alemãs das cartas de Benjamin e as edições alemã e inglesa da correspondência Scholem-Benjamin de 1932 a 1940 — permanece profundamente obscura. Nem tampouco ficamos sabendo que novas edições das cartas de Benjamin estão atualmente sendo preparadas na Alemanha, uma das quais já saiu em tradução inglesa: *Theodor Adorno and Walter Benjamin, The Complete Correspondence, 1928-1940* (Harvard University Press, 1999).

WALTER BENJAMIN

seguido por outros. O que as cartas mostram, pelo contrário, é um pensador teologicamente inspirado e politicamente instável, cujos anseios messiânicos o arrastaram perigosamente para perto das chamas da paixão política que engolfaram a Europa por boa parte do último século.

Walter Benjamin nasceu numa família abastada de judeus de Berlim em 1892. O pai fizera modesta fortuna como leiloeiro e *marchand*, vindo mais tarde a expandi-la como investidor. Benjamin escreveu duas memórias da juventude, "Uma crônica de Berlim" e "Infância em Berlim", agridoces reflexões sobre sua criação privilegiada na próspera zona oeste da cidade, cheias de lembranças de passeios, relações agradáveis com os pais e um luxo absurdo. Como o pequeno Walter era algo doentio, os pais o mandaram por dois anos para um internato no interior, que tinha como um dos diretores Gustav Wyneken, homem de grande influência no Movimento da Juventude Alemã. Benjamin logo começaria a escrever para um dos periódicos do movimento, *Der Anfang*, mantendo-se aliado a Wyneken e seu movimento pedagógico nietzschiano até a Primeira Guerra Mundial.

A correspondência inicial de Benjamin contém muita discussão sobre o Movimento da Juventude, embora também possamos acompanhar sua crescente consciência da sua condição de judeu na Alemanha. Pouco sabemos da atitude da família de Benjamin em relação ao judaísmo, exceto que eram liberais sem serem inteiramente assimilados. Ficamos sabendo aqui que o jovem Walter, como muitos judeus alemães atraídos pelos primeiros ensaios de Martin Buber, flertou com o sionismo político no verão de 1912. Mas, numa carta ao amigo Ludwig Strauss em setembro desse mesmo ano, ele escreveu: "Vejo três formas sionistas de judeidade: o sionismo da Palestina (uma necessidade natural); o sionismo alemão em sua incompletude; e o sionismo cultural, que enxerga valores judeus em toda parte e trabalha por eles. Aqui ficarei, e acredito que devo ficar." Esta continuaria sendo sua posição pelo resto da vida.[2]

---

[2] Esta carta, não incluída na edição inglesa e só de maneira incompleta nos *Gesammelte Schriften*, é traduzida do original que se encontra em Jerusalém por Anson Rabinbach em seu artigo "Between Enlightenment and Apocalypse: Benjamin, Bloch and Modern German Messianism", *New German Critique* (inverno de 1985), p. 96.

A atitude de Benjamin em relação ao sionismo político refletia uma inclinação mais fundamental para fugir à terrível atmosfera política da época. Entre as surpresas encontradas nessas cartas estão a total ausência de comentários políticos no momento em que se iniciava a Primeira Guerra Mundial e sua escassez por alguns anos seguintes. Inicialmente Benjamin se revela a nós como um "homem não político" — senão exatamente como Thomas Mann, pelo menos como tantos outros da sua geração que abandonaram as vacilantes instituições da Europa burguesa para explorar a experiência estética e as "filosofias de vida" irracionalistas (*Lebensphilosophien*).

Mas, apesar das tentativas de Benjamin de ignorar a guerra, ela se intrometia por todos os lados. Em agosto de 1914, desesperados com a iminente catástrofe, dois dos seus amigos mais próximos se suicidaram juntos no apartamento onde seu círculo de Berlim costumava reunir-se, e não muito depois Wyneken publicou um manifesto nacionalista, "Juventude e guerra", que levou Benjamin a se desvincular do antigo professor e do Movimento da Juventude. Ele foi isentado do serviço militar em 1917, simulando um ataque de ciática, e no verão desse ano exilou-se voluntariamente na Suíça com a mulher, Dora, com quem se casara em abril. Seu novo amigo Gershom Scholem, que conseguiu ser isentado fingindo doença mental, chegou a Berna em 1918, e teve início então a troca intelectual que deveria revelar-se tão frutífera para ambos.

Scholem e Benjamin se conheceram em 1915, embora Scholem recordasse ter visto Benjamin participando de um debate público sobre o sionismo dois anos antes. Como ele mesmo relataria em seus dois livros de memórias, ele e Benjamin, mais velho, logo descobririam afinidades, não obstante as diferenças filosóficas e religiosas. Scholem também tinha crescido no seio do judaísmo liberal de Berlim, mas na juventude ficou chocado com sua acomodação cultural. Certa vez, ao ganhar como presente de Natal um retrato de Theodor Herzl, ficou tão indignado que começou a aprender hebraico, rapidamente dominando a língua. Em 1917, a família o expulsara de casa por se ter tornado sionista, e ele decidiu estudar a história da Cabala.

WALTER BENJAMIN

Benjamin não partilhava dessa paixão, nem sequer falava hebraico. Mas Scholem percebeu nele uma "entrega ao espiritual como a de um escriba expulso para outro mundo, que saiu em busca da sua 'escritura'".[3] Quanto mais Scholem estudava as tradições do misticismo e do messianismo judaicos, mais encarava Benjamin como "um teólogo abandonado no reino do profano".[4]

A publicação na Alemanha da correspondência de Benjamin chamou a atenção pela primeira vez para seus escritos filosóficos iniciais, com suas fortes conotações teológicas. Lidos em paralelo às cartas do período, eles confirmam amplamente o instinto de Scholem quanto ao temperamento espiritual do amigo. Um dos seus primeiros textos que chegaram até nós é um breve manuscrito inédito de 1917-1918 intitulado "Sobre o programa da futura filosofia". Tanto Benjamin quanto Scholem tinham iniciado seus estudos filosóficos com a leitura de Kant, cuja obra fora recentemente revivida na Universidade de Marburg. Como os primeiros românticos, eles se sentiam ao mesmo tempo atraídos e repelidos pela rigorosa distinção estabelecida por Kant entre o mundo fenomênico aberto à ciência e o mundo numênico dos fins morais; atraídos pelo reconhecimento de um reino metafísico além do material e repelidos pelo fundo de agulha que Kant colocava entre os dois. Benjamin encarou como um desafio filosófico superar a distinção kantiana no contexto do próprio pensamento de Kant, vendo aí "a missão central da futura filosofia". O que a filosofia precisa, escreve ele, é da "base epistemológica de um conceito mais elevado de experiência", que haverá de tornar "a experiência religiosa logicamente possível". Essa concepção teológica da experiência tem eco numa carta de 1918 a Scholem, na qual Benjamin afirma que toda ética precisa de um alicerce na metafísica, para entender "o contexto divino absoluto da ordem, cuja esfera mais alta é a doutrina e cuja encarnação e primeira causa é Deus".

---

[3] Gershom Scholem, *Walter Benjamin: The Story of a Friendship* (Jewish Publication Society of America, 1981), p. 53.

[4] Gershom Scholem, *On Jews and Judaism in Crisis* (Schocken, 1976), p. 187.

Afirmações dessa natureza, manifestando um vago desejo de reafirmar a experiência religiosa no rastro do Iluminismo, são lugar-comum na história do romantismo filosófico. E quase sempre vêm acompanhadas de uma visão criptoteológica da linguagem, compartilhada por Benjamin com antecessores dos séculos XVIII e XIX: Hamann, Jacobi, Schleiermacher, Novalis e Friedrich Schlegel. Em 1916, ele escreveu a Martin Buber:

> Todo ato que decorra da tendência expansiva a juntar palavras parece-me terrível. [...] Posso entender a escrita como tal como poética, profética, objetiva em termos dos seus efeitos, mas de qualquer maneira apenas como mágica, vale dizer, não mediada.

Escrevendo a Hugo von Hofmannsthal, ele observaria mais tarde que "toda verdade tem seu lar, seu palácio ancestral, na linguagem".

Benjamin tentou elaborar essas intuições sobre a linguagem e a verdade num ensaio difícil, "Sobre a linguagem em geral e sobre a linguagem do homem" (1916). Aqui, ele rejeita a visão "burguesa" de que a linguagem baseia-se em convenções, em favor da visão "mística" de que os nomes são essências divinas obscurecidas e confundidas depois de Babel. Mas Benjamin insiste em que, ao promover a tradução entre as linguagens humanas, os homens podem começar a reconstruir a linguagem "tácita e sem nomes" da natureza, que é "um resíduo da palavra criativa de Deus" e a partir da qual "se desdobra a suprema clareza da palavra de Deus".

Benjamin tinha consciência de estar percorrendo o caminho dos românticos, e nos anos subsequentes tratou de confrontá-los diretamente. Foi o que fez em sua primeira dissertação acadêmica, seu único livro de perfil acadêmico tradicional, *O conceito de crítica de arte no romantismo alemão*, aprovada pelo corpo docente em Berna em 1919. Nela, sustenta que a crítica pode ser tão poderosa que se torne mais valiosa que a própria criação artística. Os românticos do século XIX valorizavam a crítica porque idealizavam o poeta, o escritor, o pintor; Benjamin idealiza o crítico como um feiticeiro extraindo verdades dos objetos em que foram encerradas. "Graças

WALTER BENJAMIN

às obras filosóficas de Kant", escreve ele, "o conceito de crítica adquiriu um significado quase mágico para a nova geração. [...] Ser crítico significava elevar o pensamento tão acima de qualquer limitação que, pela percepção da falsidade das limitações, o conhecimento da verdade sai voando como num passe de mágica".[5]

Esta concepção teria consequências de grande alcance para a carreira de Benjamin. Ele a desenvolve em seu famoso ensaio sobre *As afinidades eletivas* de Goethe, que começa com a arrojada afirmação de que o que o leitor tem nas mãos não é "comentário", mas crítica, que "busca o conteúdo de verdade de uma obra de arte". Essa tarefa merece então uma formulação mística:

> Se, para recorrer a uma analogia, encararmos a obra que surge como uma pira fúnebre ardendo, o comentarista coloca-se diante dela como um químico, e o crítico, como um alquimista. Enquanto para aquele a madeira e as cinzas representam os únicos objetos de análise, para este só a chama em si mesma preserva um enigma: o enigma do que está vivo. Assim é que o crítico investiga a verdade, cuja chama viva continua a arder sobre a lenha pesada do passado e as cinzas acesas da experiência.

Para Benjamin, então ainda com 20 e tantos anos, essa invocação da alquimia pode não ter passado de uma analogia, mas seu amigo Scholem levou tais declarações a sério. Scholem compartilhava da insatisfação de Benjamin com Kant e com a teologia "liberal" desnaturada que dele derivou; também considerava vazia e sufocante a devoção burguesa da cultura guilhermina. Mas, em vez de se voltar para o romantismo, ele começou a estudar os textos cabalísticos místicos do judaísmo medieval, nos quais esperava ganhar uma perspectiva histórica sobre os motivos de insatisfação espiritual com a experiência "aviltada", descobrir como surgiram na história da religião e

---

[5] "Der Begriff der Kunstkritik in der deutschen Romantik", *Gesammelte Schriften*, Vol. I.1 (Frankfurt: Suhrkamp, 1972-1989), p. 51.

entender as reações que suscitaram. A esta luz é que ele começou a enxergar os primeiros escritos de Benjamin — e era uma luz bem esclarecedora.

Em sua investigação, Scholem descobriu que o judaísmo sempre experimentara uma tensão entre a disciplina da lei, que era uma preparação para a redenção, e um forte impulso messiânico, que geralmente resistia a essa disciplina, buscando um contato imediato e direto com o divino. Esse impulso era antinomiano, apocalíptico e utópico. Rejeitava qualquer simples apelo à tradição ou ao progresso histórico, acreditando, isto sim, na "irrupção da transcendência na história, uma intrusão na qual a história propriamente desaparece, transformada em ruínas ao ser atingida por um raio de luz que nela brilha proveniente de uma fonte exterior". Tradicionalmente, a ortodoxia judaica tentara sufocar esse impulso, chegando a negar ou distorcer sua história. Mas essas tentativas estavam fadadas ao fracasso, pois "a força da redenção parece integrada ao mecanismo da vida vivida à luz da revelação". A "brisa anárquica" do messianismo estava destinada a soprar pela casa da ortodoxia sempre que as forças vivas da religião tivessem sido relegadas ao porão. "É uma profunda verdade", escreve Scholem, "que uma casa arrumada é algo perigoso".[6]

Na sua visão, o judaísmo alemão do início do século XX era uma casa assim. Hermann Cohen, a principal figura da escola filosófica neokantiana, era o mais destacado defensor da reinterpretação do judaísmo como um sistema ético, por ele empreendida em obras como *A religião da razão extraída das fontes do judaísmo* (1929). Em seus outros trabalhos, Cohen afirmava que judeus e alemães podiam conviver de maneira harmoniosa numa sociedade liberal, o que segundo ele a Alemanha era. Contra esse consenso toda uma geração de jovens pensadores judeus haveria de se rebelar, alguns antes da Primeira Guerra Mundial, outros logo depois. Scholem e Benjamin pertenciam a essa geração, assim como Martin Buber, Franz Rosenzweig, Franz Kafka, Ernst Bloch e Leo Strauss. Em suas cartas, Scholem e Benjamin parecem perfeitamente conscientes de suas afinidades com esses autores e

---

6 *The Messianic Idea in Judaism* (Schocken, 1971), pp. 10, 321, 21.

WALTER BENJAMIN

os discutem com frequência. Ambos ficaram particularmente impressionados com *A estrela da redenção* (1921), de Rosenzweig, que consideravam uma importante crítica tanto do kantismo quanto do judaísmo liberal, e com as histórias de Kafka, que representavam, como diria Scholem mais tarde, "uma afirmação intuitiva de temas místicos na corda bamba entre a religião e o niilismo".[7]

Essa "corda bamba" é a corda cabalística, e, quanto mais Scholem a rastreava na história judaica, mais se considerava capaz de seguir sua trilha em sua geração de jovens judeus em busca da redenção num mundo profano. Nesta geração, nenhuma figura o atraía e o deixava perplexo como Benjamin. Por trás das queixas de Benjamin sobre a pobreza da experiência moderna ou a frieza da razão, por trás de suas celebrações vitalistas da arte e da língua, Scholem ouvia a imemorial voz daqueles que na tradição cabalística são chamados de "mestres de uma alma sagrada". Essas almas eram dotadas de grande força de percepção e capazes de reviver culturas religiosas de vitalidade perdida. Mas, como também sabia Scholem, eram igualmente vulneráveis à ilusão e à autodestruição — especialmente em condições seculares modernas e especialmente quando se voltavam para a política.

O interesse de Benjamin nas questões políticas começou a se desenvolver apenas na década de 1920, depois da guerra e no exato momento em que sua vida particular começava a tomar rumo. Em 1920, as condições econômicas na Alemanha o obrigaram a voltar da Suíça, e uma vez em Berlim ele se desentendeu com os pais, que o pressionavam a encontrar um emprego regular. Para complicar mais as coisas, em 1921 Benjamin e sua mulher, Dora, se apaixonaram por outras pessoas — ela, por um antigo colega de Walter, Ernst Schoen; ele, pela escultora Jula Cohn, irmã de outro amigo. Os dois decidiram por uma separação temporária, seguida de uma reconciliação em nome do filho pequeno. Nenhum dos dois casos amorosos durou, mas o casamento estava acabado e o casal viria a se divorciar em 1930.

---

[7] Carta inédita de 1937, traduzida in David Biale, *Gershom Scholem: Kabbalah and Counter-History* (Harvard University Press, 2ª edição, 1982), p. 31.

Embora o aspecto externo da vida de Benjamin mudasse dramaticamente nesse período difícil, seus primeiros escritos políticos evidenciam notável continuidade em relação às especulações teológicas dos anos suíços. Em 1920, ele publicou "A crítica da violência", denso ensaio não totalmente bem-sucedido sobre as *Réflexions sur la violence* [Reflexões sobre a violência] de Georges Sorel, que na época se tornava um texto-chave para os pensadores radicais de direita e de esquerda. Benjamin critica Sorel, mas compartilha do seu ponto de vista de que a vida burguesa e a política parlamentar baseiam-se numa violência oficial ilegítima, propondo que um tipo diferente de violência — uma violência regenerativa e "geradora de leis" — venha a fundar uma nova ordem social. Menos explícito a respeito da violência, mas não menos apocalíptico, é o breve ensaio "Fragmento teológico-político", escrito mais tarde nesse mesmo ano. Aqui, Benjamin escreve que, embora "só o próprio Messias consuma toda a história", a história não se prepara para a sua chegada: o momento messiânico ocorre sem aviso prévio, causando um fim abrupto e talvez violento da história. Lutar pela morte do mundo natural é, afirma Benjamin aqui, "a missão da política no mundo, cujo método deve ser chamado niilismo".

Se Benjamin nunca tivesse escrito mais uma palavra sobre política depois desses ensaios, provavelmente o veríamos hoje como um defensor daquela difusa corrente de vitalismo no pensamento europeu continental do início do século XX que atraiu muitos intelectuais para pontos de vista e movimentos radicais de direita depois da Primeira Guerra Mundial. Na juventude, Benjamin voltara-se para Ludwig Klages, o popular (e mais tarde antissemita) filósofo cujo *opus magnum*, *Der Geist ah Widersacher der Seele* [O espírito como adversário da alma] (1929–1932), ataca a tradição racionalista da filosofia ocidental por distorcer as fontes vitalistas do conhecimento, da vontade e da experiência estética. Benjamin também estudou atentamente (e escreveu a respeito) as obras de Johann Jakob Bachofen, o etnólogo novecentista cujas teorias sobre mitos e símbolos pagãos tinham sido recentemente promovidas pelo círculo de Stefan George, do qual Klages foi um dos primeiros membros. A correspondência de Benjamin mostra que por toda a vida ele foi fascinado por esses teóricos direitistas do mito, erotismo, poder, sonhos e imaginação — embora devamos acrescentar que se sentiu repelido por sua política, depois que a entendeu.

O conceito de crítica como alquimia em Benjamin, sua convicção de que a política é uma questão de niilismo apocalíptico e seu fascínio pelo vitalismo de direita convergiram em sua principal obra da década de 1920, *Origem do drama trágico alemão*.[8] Benjamin mudara-se em 1923 para Frankfurt para fazer a pós-graduação que lhe permitiria ensinar numa universidade e ser reconhecido, como diria mais tarde, como "o principal crítico da literatura alemã". Foi uma decisão desastrosa de praticamente todos os pontos de vista. Os professores mostraram-se hostis à dissertação que pretendia fazer sobre as esquecidas "tragédias" (*Trauerspiele*) alemãs do século XVII, por considerarem um tema exótico. Além disso, Benjamin parecia decidido a zombar de todas as convenções acadêmicas, escrevendo no mais esotérico dos estilos e prefaciando seu livro com um "prólogo epistemo-crítico" deliberadamente obscuro que resumia sua visão de Platão, do idealismo alemão, do romantismo, da beleza, das obras de arte, da língua e do simbolismo. O próprio autor referiu-se a essas páginas indigestas, em comentário a Scholem, como uma demonstração de "absoluta cara de pau" compreensível apenas para estudantes da Cabala. Benjamin acabou desistindo da dissertação ao ser advertido de que seria recusada.

Se tivessem ido além da introdução, seus professores teriam constatado que o livro era uma investigação verdadeiramente importante, inspirada na obra do historiador da arte Alois Riegl, sobre as dimensões alegóricas de uma literatura esquecida. Benjamin apresenta o período barroco como um período de aguda crise histórica, o momento em que os europeus se conscientizaram da ruptura do mundo medieval, com sua ordenação religiosa, mas antes do nascimento do mundo moderno. Foi uma época de contemplação do abismo, de consciência da separação absoluta entre

---

[8] Uma tradução não muito satisfatória desta obra para a língua inglesa, recentemente reeditada, é *The Origin of German Tragic Drama* (Verso, 1999).

Céu e Terra. "O além é esvaziado de tudo que contenha o mais leve hálito deste mundo", e o homem barroco sente-se transportado para uma "catarata", uma "violência catastrófica". Segundo Benjamin, as *Trauerspiele* eram alegorias dessa experiência. Mostravam um mundo sem ordem nem heróis, impregnado da melancolia de estadistas, tiranos e mártires corroídos pela culpa.

O próprio Benjamin reconheceu que as reflexões teológicas e políticas contidas no livro sobre as *Trauerspiele* também se inspiravam no teórico jurídico de direita (e mais tarde funcionário nazista) Carl Schmitt, cuja *Teologia política* acabava de ser publicada em 1922.[9] Duas características da obra de Schmitt evidentemente atraíram Benjamin. Uma era a afirmação de Schmitt de que "todos os conceitos importantes da teoria moderna do Estado são conceitos teológicos secularizados". A outra era o fato de Schmitt caracterizar todas as normas legais como repousando, explícita ou implicitamente, numa "decisão" soberana, que ou bem aplicava as regras de maneira genérica aos atos das pessoas ou anunciava uma "exceção" em relação a eles. Essa doutrina, que ficou conhecida como decisionismo, é resumida na afirmação de Schmitt de que "soberano é aquele que decide sobre a exceção". As *Trauerspiele*, nas quais príncipes, ministros e até assassinos eram retratados em seus momentos de suprema decisão e supremo destino, representavam a vida barroca exatamente como Schmitt imaginava que fosse toda a vida política: um permanente "estado de emergência".

Nenhuma dessas ideias parece ter surpreendido Scholem. Em seu ensaio "Walter Benjamin", de 1964, ele escreveu:

---

[9] Benjamin cita Schmitt como fonte de inspiração num *curriculum vitae* que foi traduzido em *Walter Benjamin, Selected Writings*, Vol. 2 (Harvard University Press, 1999), pp. 77-79. Também fez a seguinte anotação enigmática numa entrada de seu diário em 1930: "Schmitt / Concordância Ódio Desconfiança" (*Gesammelte Schriften*, Vol. II.3, p. 1.372). A vasta literatura sobre a relação Benjamin–Schmitt é resumida e analisada por Horst Bredekamp in "From Walter Benjamin to Carl Schmitt, via Thomas Hobbes", *Critical Inquiry* (inverno de 1999), pp. 247-266.

WALTER BENJAMIN

Até em autores cuja visão do mundo apresenta essencialmente traços reacionários, ele ouvia os rumores subterrâneos da revolução, e em geral mostrava-se muito atento ao que chamava de "a estranha interação entre a teoria reacionária e a prática revolucionária". A secularização da doutrina apocalíptica judaica está à vista de todos e em momento algum nega sua origem.[10]

Mas, para os amigos de Benjamin na esquerda, esse gosto pelos autores reacionários era um enigma; na verdade, um embaraço.[11] Mesmo em 1930, muito depois de converter-se ao marxismo e estar colaborando com Brecht, Benjamin dedicou um exemplar do livro sobre as *Trauerspiele* a Schmitt, declarando que repetidas vezes via nos escritos de Schmitt a confirmação do seu próprio trabalho sobre estética.[12] Não é realmente intrigante que Benjamin levasse tais autores a sério; praticamente todo mundo — até a vanguarda — se abeberava nas mesmas águas turvas no período do entreguerras. O verdadeiro enigma é que ele viesse mais tarde a dar prosseguimento à sua busca teológico-política no terreno difícil e ingrato do marxismo.

Aqueles que conheciam Walter Benjamin perceberam que ele passou por uma conversão (expressão dele) da especulação teológica ao marxismo na década de 1920, embora nem eles nem seus posteriores leitores jamais chegassem a um acordo quanto ao que significava essa conversão. Podemos datar a experiência do verão de 1924, passado por Benjamin em Capri, na companhia do filósofo Ernst Bloch. Lá, ele conheceu uma mulher chamada Asja Lacis, uma radical comunista letã que trabalhava com Bertolt Brecht no teatro político e mais tarde tornou-se vítima dos expurgos de Stalin, passando uma década num campo no Cazaquistão. Como vemos em sua correspondência, Benjamin imediatamente se apaixonou por Lacis, e ao

---

[10] *On Jews and Judaism in Crisis*, p. 195.
[11] A título de exemplo, os Adorno discretamente eliminaram as notas de rodapé remetendo a Schmitt no livro sobre as *Trauerspiele* quando prepararam em 1955 sua edição das obras escolhidas de Benjamin. Elas seriam restabelecidas nos *Gesammelte Schriften*.
[12] *Gesammelte Schriften*, Vol. I.3, p. 887.

longo das idas e vindas do caso entre os dois nos anos subsequentes ele foi introduzido a um meio esquerdista que até então lhe despertara pouco interesse. Scholem imediatamente percebeu a mudança em suas cartas, já agora contendo referências veladas a Lacis. Depois de voltar a Berlim, Benjamin tentou tranquilizar os amigos, escrevendo que "espero que um dia os sinais comunistas cheguem a vocês com mais clareza do que chegaram de Capri" e prometendo explicar "os vários pontos de contato que tenho com a teoria bolchevista radical". Mergulhou então no estudo de *História e consciência de classe*, de Georg Lukács, e pediu a Lacis que o apresentasse a Brecht, a quem começou a visitar no verão e com o qual estabeleceu um relacionamento de deferência que teria infeliz efeito em seus escritos.

As explicações e justificativas de Benjamin sobre sua adesão ao marxismo continuaram até meados da década de 1930, assinalando o ponto alto dessa extraordinária correspondência. Em maio de 1925, Benjamin escreveu a Scholem que, se seus planos para a publicação de trabalhos não funcionassem, "provavelmente vou apressar meu envolvimento com a política marxista e entrar para o partido" — embora também brincasse com a alternativa de aprender hebraico; logo depois, escreveu a Martin Buber que se sentia dividido entre "atividade de culto e comunista". Depois de se mudar para Paris em 1926, a fim de trabalhar numa tradução de Proust, ele mais uma vez tentou explicar seu novo modo de pensar ao perplexo Scholem. Seu raciocínio não podia ser menos tranquilizador:

> Não reconheço que haja diferença entre formas [religiosas e políticas] de observância, em termos da sua quintessência. Mas tampouco reconheço que seja possível uma mediação entre elas. Falo aqui de uma identidade que se manifesta apenas na súbita e paradoxal mudança de uma forma de observância à outra (independentemente da direção), dado o indispensável pré-requisito de que toda observação da ação prossiga implacavelmente e com uma intenção radical. Exatamente por este motivo, a tarefa não é decidir de uma vez por todas, mas decidir a cada momento. Mas *decidir*. [...] Se entrasse

um dia para o Partido Comunista (algo que, por sua vez, depende para mim de uma última virada do destino), minha posição seria comportar-me sempre radicalmente e nunca logicamente em se tratando das coisas mais importantes. [...] Não existem objetivos significativamente *políticos*.

A essencial unidade do teológico e do político, a "falta de sentido" dos objetivos políticos, a prevalência do destino, a necessidade de uma decisão radical e ilógica "independentemente da direção" — em algumas poucas frases Benjamin resume todos os temas principais dos seus primeiros escritos políticos, embora sejam agora apresentados como sintonizados com o marxismo, e não com os escritos de Georges Sorel ou Carl Schmitt. O marxismo de Benjamin aparece em suas cartas inicialmente como um ato irracional de comprometimento, um ato de "decisionismo".

Sua atração pelo marxismo era amplamente compartilhada na época, mas permanece um enigma. Apesar de seus primeiros escritos terem defendido a independência de um reino espiritual além da "degradada" experiência moderna, ele agora se considerava um materialista; depois de criticar o progresso histórico em nome de um vago messianismo apocalíptico, ele agora se dizia um marxista que apoiava a ação política comunista. Como seria possível?

Gershom Scholem achava ter a resposta. Como escreveria posteriormente, em todos os movimentos e pensadores messiânicos existe um perigoso impulso para "pressionar pelo fim", tentar alcançar aqui na Terra o que só nos foi prometido para o Céu. A história religiosa mostra que "toda tentativa de realizar [esse impulso] escancara os abismos que levam cada uma de suas manifestações *ad absurdam*". Tais manifestações podem desdobrar-se em direções surpreendentes à medida que os que nelas são apanhados buscam o Céu na Terra. Scholem já estudara a maneira como certas heresias cabalísticas no judaísmo pregavam uma doutrina de "redenção pelo pecado", substituindo a disciplina da Torá por uma misteriosa anti-Torá que transformava a gratificação material num caminho para a salvação. "Louvado

90   A MENTE IMPRUDENTE

seja aquele que permite o proibido", ensinava o pretenso Messias Sabbatai
Sevi, e o proibido geralmente era de natureza profana.[13]

Lendo os escritos históricos de Scholem paralelamente a suas cartas a
Benjamin, começamos a entender o alcance de sua reação à virada deste
para a esquerda. Não só o marxismo era uma heresia materialista, como
Scholem deu-se conta de que os genuínos vislumbres sagrados de Benjamin
haveriam de se perder em sua transformação profana. E talvez nem só os
seus vislumbres. Benjamin apresentava todos os sinais de ser um homem à
beira do abismo, ou, como observou um conhecido cristão, "de uma pessoa que acaba de descer de uma cruz e está para subir em outra". Scholem
preocupava-se em particular com a eventualidade de que Benjamin entrasse
para a política comunista ativa, temendo que não fosse apenas um equívoco
intelectual: no clima político de Weimar, poderia representar uma ameaça
para a vida de Benjamin.

Scholem colocou as coisas em termos contundentes numa carta de 1931:

> Existe uma desconcertante alienação e desconexão entre o seu *ver-*
> *dadeiro* modo de pensar e o *alegado*. Ou seja, você não alcança seus
> vislumbres mediante a estrita aplicação de um método materialista,
> mas de maneira inteiramente independente dele [ou] jogando com as
> ambiguidades e fenômenos de interferência desse método. [...] [Você]
> poderia ser uma figura de alto significado na história do pensamento
> crítico, legítimo herdeiro das mais produtivas e autênticas tradições
> de Hamann e Humboldt. Por outro lado, sua ostensiva tentativa de
> enquadrar esses resultados num contexto no qual subitamente se
> apresentam como aparentes resultados de considerações materialistas
> introduz um elemento formal totalmente estranho do qual qualquer
> leitor inteligente pode facilmente distanciar-se. [...] Fico tão conster-

---

[13] Scholem, *The Messianic Idea in Judaism*, pp. 15, 25, 75–77. Sobre este tema, ver o ensaio
"Redemption through Sin" nesse mesmo volume e os outros livros de Scholem, *Major
Trends in Jewish Mysticism* (Schocken, 3ª edição, 1961) e *Sabbatai Sevi: The Mystical Mes-
siah, 1626–1676* (Princeton University Press, 1973).

nado que preciso dizer a mim mesmo que esse tipo de autoengano só é possível porque você o deseja, e mais: que só pode durar enquanto não for submetido ao teste materialista. A perfeita certeza que tenho do que aconteceria aos seus escritos se lhe ocorresse apresentá-los *dentro* do Partido Comunista é absolutamente deprimente. [...] Ficaria inequívoca e explosivamente claro que sua dialética não é a do materialista cujo método você tenta abordar, no exato momento em que fosse desmascarado por seus companheiros de dialética como um típico contrarrevolucionário burguês. [...] Receio que o alto custo desse erro recaia sobre seus ombros. [...] Naturalmente, você não seria o último, mas talvez o *mais incompreensível* animal sacrificado à confusão entre religião e política.

No fim das contas, a preocupação de Scholem de que Benjamin se entregasse de corpo e alma ao comunismo revelou-se infundada. O marxismo de Benjamin continuou sendo livresco, e cada encontro com a política comunista real o deixava decepcionado. No outono de 1926, ele fez uma breve viagem a Moscou para visitar Asja Lacis, e, ficamos sabendo pelo diário que lá manteve, sua incursão no coração da Revolução foi um fiasco pessoal e político: Moscou estava longe de ser uma utopia, Benjamin não falava russo e Lacis tinha outros amantes. Ele levara consigo um artigo sobre Goethe encomendado pela *Grande Enciclopédia Soviética*, mas os editores o recusaram, considerando-o ao mesmo tempo heterodoxo e dogmático. "A expressão 'conflito de classe' aparece dez vezes a cada página", queixou-se um funcionário na sua cara.

Um compreensível esfriamento se manifesta na correspondência entre Benjamin e Scholem na década que se segue à virada de Benjamin para o marxismo. Ainda assim, os dois amigos acabariam encontrando uma oportunidade de reaproximação no verão de 1934, quando Benjamin enviou a Scholem um esboço de seu esplêndido ensaio sobre Kafka. O ensaio é talvez a mais bem-sucedida tentativa de Benjamin de associar o que chamaria numa carta posterior de "experiência do moderno homem urbano" à "experiência mística". Ele escreve que as histórias de Kafka até então entendidas como parábolas

> não são parábolas, e no entanto não têm vocação para ser tomadas ao pé da letra; prestam-se a citações e podem ser contadas com objetivos de esclarecimento. Mas acaso dispomos da doutrina que as parábolas de Kafka interpretam e que são esclarecidas pelas posturas de K. e pelos gestos de seus animais? Ela não existe; podemos dizer apenas que aqui e ali temos uma alusão a ela. Kafka poderia dizer que se trata de relíquias transmitindo a doutrina, embora também pudéssemos encará-las como precursoras preparando a doutrina.

O próprio Scholem se disse "98 por cento satisfeito" com a interpretação do amigo, que apresenta Kafka como "tateando na direção da redenção" no mundo moderno mas fracassando por achar vazia a tradição religiosa. Esse fracasso está resumido no comentário de Kafka a Max Brod, de que existe no mundo uma quantidade infinita de esperança, "mas não para nós".

O ensaio sobre Kafka muito contribui para confirmar a alegação de Scholem, feita pela primeira vez nas cartas de tom frustrado do início da década de 1930 e mais tarde em suas memórias, de que as ideias mais importantes de Benjamin vinham da sua preocupação com questões teológicas, ao passo que seu idiossincrático materialismo só servia para confundi-las. Ela também é surpreendentemente corroborada por Bertolt Brecht, com quem Benjamin se hospedava no verão de 1934. Como ficamos sabendo nas anteriormente inéditas "Conversas com Brecht", traduzidas em *Reflections*, Brecht, sempre coerente em seu materialismo, ficou decepcionado e desconcertado com a recaída teológica de Benjamin no ensaio sobre Kafka. Benjamin reproduz devidamente a objeção de Brecht de que Kafka é um "obscurantista", um "menino judeu", uma "criatura magricela, desagradável" cuja profundidade mística não podia estar mais distante do "modo de pensar rude" exigido pela época. A celebração por Benjamin do fracassado messianismo de

Kafka servia apenas para promover o "fascismo judaico", acusava Brecht, ao alimentar o desejo burguês de líderes carismáticos.

Benjamin evidentemente não estava destinado ao labor intelectual comunista; seu marxismo, se assim pode ser chamado, estava muito intimamente ligado a suas preocupações teológicas originais para ser plenamente desvinculado delas. Foi precisamente o que ele reconheceu numa carta a Max Rychner em 1931, mesmo quando tentou defender sua posição política:

> Eu nunca fui capaz de investigar e pensar em qualquer outro sentido senão num sentido por assim dizer teológico, ou seja, de acordo com o ensinamento talmúdico sobre os 49 níveis de significado em cada passagem da Torá. Isto é, na minha experiência, o mais banal chavão comunista contém mais hierarquias de significado que a profundidade burguesa contemporânea, que só tem um significado, o de uma apologética.

Formulações dessa natureza situavam Benjamin numa terra de ninguém intelectual na qual não podia ser alcançado por Scholem, o teólogo, nem por Brecht, o materialista.

Mas será que era mesmo uma terra de ninguém? Não era o que pensava Theodor Adorno. Adorno é mais conhecido hoje em dia como um importante membro do Instituto de Pesquisas Sociais, a chamada Escola de Frankfurt, à qual aderiu oficialmente na década de 1930 e que desde a década anterior oferecia guarida a marxistas em busca de uma terceira via entre a ortodoxia comunista e o liberalismo burguês. Ele conhecera o Benjamin anterior na época em que eram estudantes em Frankfurt e o admirava muito. Apesar de indiferente aos interesses teológicos que Benjamin compartilhava com Scholem, tomou a virada do filósofo para o marxismo como um sinal de que ocorria uma produtiva secularização do seu pensamento e de que, juntos, poderiam desenvolver uma nova teoria dando conta da reduzida experiência estética do período moderno. Os dois se relacionaram em termos amistosos ao longo da década de 1920 e início da década de 1930, embora

94 A MENTE IMPRUDENTE

tenham se aproximado muito mais depois de 1933, quando Benjamin fugiu da Alemanha para se estabelecer em Paris, por exortação de Gretel Adorno.

Entre a conversão ao comunismo e o exílio, Benjamin obtivera um certo reconhecimento como crítico na Alemanha. Ganhava a vida modestamente escrevendo para jornais e respeitados periódicos como *Literarische Welt* e trabalhando em programas de rádio. Essa atividade lhe conferia independência e permitia frequentes viagens pela Europa. Mas, ao emigrar em 1933, semanas depois do incêndio do Reichstag e pouco antes de Hitler assumir poderes ditatoriais, ele não tinha um meio certo de sustento. Durante algum tempo, continuou escrevendo para a imprensa alemã com pseudônimos, o que, no entanto, logo se tornou difícil, e as encomendas foram diminuindo. Para economizar dinheiro, ele passava períodos com amigos em Ibiza e com Brecht na Dinamarca. Viu-se forçado até a engolir o orgulho e voltar a viver por um tempo com a ex-mulher, Dora, que dirigia uma pensão em San Remo. Os sete últimos anos de sua correspondência são uma leitura aflitiva, pois ele traça planos inviáveis de salvação financeira, e as oportunidades promissoras que surgem são desperdiçadas.

Benjamin jamais teria sobrevivido aos anos de exílio sem o abnegado empenho de Adorno em seu favor. Quando o Instituto deixou Frankfurt em 1933, estabelecendo-se primeiro em Genebra, depois em Nova York, Adorno conseguiu que Benjamin passasse a receber modesta remuneração por contribuições regulares ao periódico do Instituto, o *Zeitschrift für Sozialforschung*. Esse pagamento aumentou quando Benjamin aceitou escrever um longo estudo sobre a Paris do século XIX. *Passagens* (*Passagen-Werk* ou *Passagenarbeit*), como veio a ser chamado, começara modestamente em 1927, quando Benjamin teve a ideia de adotar o estilo de montagem literária dos surrealistas para evocar a vida na França novecentista. Inspirou-se na fantasia *Le Paysan de Paris*, de Aragon, publicada no ano anterior, que começa com um onírico passeio imaginário pela Passage de l'Opéra. Ele faz menção a um ensaio sobre as passagens de Paris pela primeira vez em 1928, numa carta a Scholem, na qual afirma esperar concluí-lo em duas semanas. Para consternação geral, *Passagens* absorveria a energia criativa de Benjamin durante treze anos, e à sua morte ainda era um caótico amontoado de anotações, colagens, esboços e fragmentos de ensaios, tudo milagrosamente preservado por Georges Bataille na Biblioteca Nacional francesa durante a guerra. Embora exista hoje uma tradução desse cipoal de mil páginas, os leitores precisam recorrer aos derradeiros ensaios de Benjamin para ter alguma ideia de seus objetivos.[14] Num dos mais relevantes fragmentos de *Passagens*, "Sobre alguns motivos em Baudelaire", Benjamin contrasta a empobrecida experiência moderna (*Erlebnis*) com a experiência poética simbolicamente rica (*Erfahrung*). Interpreta *As flores do mal* como refletindo a desintegração da "aura" do mundo material, as associações simbólicas que outrora permitiam aos objetos sagrados "devolver o nosso olhar", no dizer de Benjamin. Em seu ensaio sobre "A obra de arte na era de sua reprodutibilidade técnica" (1936), ele já analisara como as modernas forças produtivas privaram as obras de arte de sua aura, desvinculando-as das tradições humanas das quais brotaram. *Passagens* procuraria mostrar de modo mais sutil de que maneira o século XIX burguês substituíra a aura do mundo material por um mundo onírico, uma "fantasmagoria" que refletia sutilmente as contradições da sociedade capitalista e as compensava. Seria uma história dos delírios burgueses.

Na concepção original, *Passagens* estaria muito mais próximo dos estudos de sonhos, arquétipos e memória coletiva empreendidos por Klages e seus seguidores, que já empregavam a palavra "aura" em seus escritos. Mas logo viria a adquirir contornos diferentes e proporções propriamente grandiosas, sob a influência de Adorno. Quando os dois discutiram o projeto em 1929, Adorno imediatamente o viu como um modelo de sua nova teoria crítica, "o único elemento de *prima philosophia* que nos foi dado". Estimulou Benjamin a expandir o projeto e assentá-lo mais rigorosamente no conceito marxista de fetiche da mercadoria. Benjamin mais tarde viria a se referir a esse encontro como o fim da sua "ingenuidade rapsódica", e começou a estudar resolutamente Marx, cuja obra conhecia apenas indiretamente, através de

---

[14] *The Arcades Project* (Harvard University Press, 1999).

Lukács. No início de 1930, ele escrevia a Scholem que *Passagens* era "o palco de todos os meus conflitos e todas as minhas ideias".

E ele se tornou um palco da desilusão. Em 1935, em troca de apoio do Instituto, Benjamin teve de apresentar um claro e organizado programa da sua obra em progresso, que foi traduzido em *Reflections* como "Paris, capital do século XIX". Nele, delineava detalhadamente um novo tipo de história social capaz de abranger arquitetura, costumes, vestuário, decoração de interiores, literatura, fotografia, planejamento urbano e muito mais. Citando a máxima de Michelet segundo a qual "cada época sonha a seguinte", Benjamin imaginou que essa nova história haveria de nos ensinar "a reconhecer os monumentos da burguesia como ruínas antes mesmo de desmoronarem". Esse breve ensaio revelou-se de grande influência entre os historiadores contemporâneos, que hoje já produziram uma vasta, ainda que dúbia, literatura sobre o inconsciente coletivo do século XIX segundo os parâmetros delineados por Benjamin.

Percorrer o abundante material de *Passagens*, contudo, é uma experiência mórbida. Parece menos um estudo sobre as ruínas da vida burguesa que as ruínas dos últimos anos produtivos de um intelectual. Os 36 arquivos de citações e aforismos — sobre moda, tédio, construção civil com aço, prostituição, bolsa de valores, história das seitas e assim por diante — podem eventualmente ser reveladores, muitas vezes divertidos, mas em geral são repetitivos e até maçantes. E, no entanto, têm sido tratados com toda a solenidade merecida pelos *Pensamentos* de Pascal pelos benjaminianos da academia, que empreenderam esforços heroicos para recuperar esse trabalho não escrito e impossível de escrever.

Uma parte da responsabilidade pelo fracasso de *Passagens* cabe a Adorno, que, numa longa série de cartas, forçou Benjamin a reformulá-lo seguidas vezes. Mas as cartas deixam claro que Adorno realmente acreditava estar salvando o amigo de si mesmo. Encarando *Passagens* como um possível modelo para a teoria crítica secular da cultura burguesa, Adorno preocupava-se com a eventualidade de que, nas mãos de Benjamin, ficasse oscilando entre misticismo vitalista e marxismo ingênuo. Adorno rejeitou o programa de

1935 sob a alegação de que era "não dialético" e de que Benjamin ainda estava "sob o encanto da psicologia burguesa". A carta está cheia de obscuras objeções como "a consciência de classe de Haussmann inaugura a explosão da fantasmagoria exatamente por meio da perfeição do caráter da mercadoria na autoconsciência hegeliana". Mais tarde nesse mesmo mês Benjamin respondeu numa triste carta autodepreciativa (a Gretel, não a Theodor), concordando com a maior parte das críticas e prometendo fazer melhor da próxima vez.

Nos quatro anos seguintes, em troca da remuneração mensal do Instituto, Benjamin escreveu regularmente para o *Zeitschrift*, frequentemente sobre temas de pouco interesse para ele. Enquanto isso, *Passagens* fugia cada vez mais ao controle, ao mesmo tempo que sua situação pessoal se tornava crescentemente precária. Em 1938, quando a Europa se preparava para a guerra, Benjamin apresentou um enorme manuscrito sobre Baudelaire como modelo em miniatura do livro sobre as Passagens, deparando-se com as mesmas objeções levantadas por Adorno em 1935. "Quero me expressar da maneira mais simples e hegeliana possível", começa Adorno, sem o mais leve sinal de ironia. Ele se queixava de que Benjamin tinha estabelecido uma ligação excessivamente direta entre o imposto sobre o vinho e o poema de Baudelaire sobre o vinho, no que ele próprio chama de "uma maneira não mediada e até causal". Adorno acrescenta então, sem ajudar nada na realidade, que "a determinação materialista das características culturais só é possível quando mediada pelo *processo* [social] *total*". Benjamin ficou arrasado, novas cartas foram trocadas e uma versão profundamente alterada do ensaio finalmente foi publicada no *Zeitschrift* em 1939, com o título "Sobre alguns motivos em Baudelaire".

Embora Gershom Scholem mais tarde viesse a colaborar com Adorno na reedição de obras de Benjamin, sempre lamentou a ligação de Benjamin com a Escola de Frankfurt, assim como Hannah Arendt. Mesmo sendo gratos ao Instituto pelo apoio financeiro a Benjamin, nenhum dos dois acreditava que a teoria crítica marxista fosse um empreendimento significativo, ou que a expressão indicasse de forma adequada o que realmente era impor-

98 A MENTE IMPRUDENTE

tante nos escritos de Benjamin. E, apesar de Benjamin apreciar o intelecto de Adorno, percebemos em suas cartas certa frustração com as limitações editoriais impostas por Adorno e Horkheimer, certamente exacerbada pelo fato de essa relação com o Instituto basear-se numa obrigação financeira.

Jamais saberemos se o pensamento de Benjamin teria acabado evoluindo mais na direção de Adorno, atendendo à expectativa deste de uma nova estética secular e dialética. No outono de 1939, Benjamin foi internado num campo na França para estrangeiros inimigos, ao ter início a *drôle de guerre*.* Passou o ano seguinte tentando desesperadamente obter um visto americano, ao mesmo tempo que rejeitava os pedidos da ex-mulher para ir ao seu encontro na Inglaterra. Em maio de 1940, os alemães invadiram a França, e em junho Benjamin fugiu, primeiro para Lourdes, depois para Marselha. Em agosto, finalmente recebeu um visto, com a ajuda de Horkheimer, mas não conseguiu um navio para embarcar. Pelo fim de setembro, tentou atravessar os Pirineus com um grupo de refugiados, sendo, no entanto, rechaçado por guardas espanhóis de fronteira em Port Bou. Nessa noite, tomou uma overdose de morfina e morreu. No dia seguinte, o resto do grupo conseguiu atravessar a fronteira.

Meses depois do suicídio de Benjamin, Hannah Arendt conseguiu fugir da França para a Espanha. Ao passar por Port Bou, deteve-se para tentar localizar o túmulo do amigo, mas não encontrou nenhum vestígio. Em sua bagagem, todavia, ela levava um traço do homem. Era um breve ensaio, uma espécie de testamento intelectual intitulado "Teses sobre a filosofia da história", que lhe fora entregue por Benjamin pouco antes da tentativa de fuga. Seu desejo expresso era que o ensaio não fosse publicado, mas, ao receber o manuscrito, Adorno decidiu que era importante demais para permanecer em mãos privadas. Ele foi mimeografado inicialmente pelo Instituto como homenagem a Benjamin, em 1942, e desde então se tornou um dos seus textos mais polêmicos.

---

* A "guerra de araque" é a maneira como os franceses se referem ao período entre a declaração de guerra da França e do Reino Unido à Alemanha, em setembro de 1939, e o início efetivo das hostilidades armadas, quando a Alemanha invadiu a França, a Bélgica, a Holanda e Luxemburgo em maio de 1940. [*N. do T.*]

As "Teses" refletem a visão apocalíptica de Benjamin sobre a política europeia no fim da década de 1930 e sua decepção com a traição do comunismo no pacto Hitler–Stalin. Nos anos 1930, ele se mantivera teimosa e irresponsavelmente calado sobre os processos exemplares em Moscou, e ao longo da década não foi capaz de criticar Stalin publicamente, nem mesmo depois que Asja Lacis foi condenada ao gulag. Mas o pacto de Stalin com o demônio finalmente estilhaçou quaisquer ilusões que Benjamin acaso tivesse sobre a missão redentora do comunismo. Na década de 1920, Benjamin brincara com as ideias de violência divina, decisionismo radical e niilismo político; no início da década de 1930, ainda era capaz de idealizar o frenesi do que chamava de "caráter destrutivo". Mas agora se aproximava o apocalipse de verdade, trazendo consigo a violência satânica, e não o Messias.

Num nível mais profundo, as "Teses" representam o último encontro dramático entre a metafísica teológica de Benjamin e seu materialismo histórico. O ensaio começa com uma imagem da filosofia da história como um jogo de xadrez, que só pode ser vencido por um fantoche chamado materialismo histórico "se obtiver os serviços da teologia, que hoje", diz ele, "anda encarquilhada e precisa esconder-se". E o que o materialismo pode aprender com a teologia? Basicamente, que a ideia de progresso histórico é uma ilusão, que a história não passa de uma série de catástrofes amontoando escombros sobre escombros até chegar ao céu. A classe operária tinha sido corrompida pela ideia de progresso, que a cegou para as consequências sociais regressivas que acompanhavam o crescente domínio do mundo natural. Ela foi levada por vozes acalentadoras a ignorar o "estado de emergência" provocado pelas forças do fascismo em ascensão, e não foi capaz de reagir. Agora o materialismo precisa afastar-se com "monástica disciplina" dessa crença num contínuo histórico progressivo, substituindo-o por uma concepção da história mais próxima da concepção do judaísmo tradicional, que acreditava que "cada segundo de tempo era a porta estreita pela qual o Messias poderia entrar". Como observaria Scholem, nada resta do materialismo histórico nesse texto hermético, senão o próprio termo.

100 A MENTE IMPRUDENTE

A caracterização de Benjamin por Scholem como um "teólogo abandonado no reino do profano" durante anos representou um obstáculo para os marxistas e teóricos críticos ansiosos por se apropriar para seus próprios fins do legado desse curioso pensador. Recentemente, com o aumento do interesse pela perdida cultura judaica da Alemanha, tem sido menor a relutância em reconhecer elementos teológicos em sua obra. Surgiu na crítica alemã um consenso algo indistinto, segundo o qual a secularização de Benjamin o deixou "dilacerado" entre o sagrado e o profano, o metafísico e o material. Em virtude desse conflito fundamental em seu pensamento, ele agora aparece como uma parte importante da tradição filosófica alemã, dilacerada entre esses princípios desde Kant.

Mas nem mesmo esse consenso leva em conta plenamente o que a percepção de Scholem sobre Benjamin tem a nos ensinar. Quaisquer que fossem as ilusões de Scholem sobre os vacilantes planos de Benjamin de aprender hebraico ou emigrar para a Palestina, ele acertou ao ver em Benjamin a encarnação moderna do tipo de pensador que não pode ser entendido separadamente das distinções religiosas tradicionais. Para os autênticos materialistas, não pode haver uma real tensão entre o sagrado e o profano, apenas entre a ilusão e o esclarecimento. Mas, para os teologicamente sintonizados, essa tensão continuará existindo enquanto precisarmos encontrar nosso caminho num mundo decaído. Eles podem lidar com isso vivendo na lei e na tradição, ou então podem tentar abolir completamente essa tensão. Alguns se retiram para um misticismo ou esoterismo de fundo sobrenatural, alguns se atiram plenamente no mundo, na esperança de redimi-lo com uma nova lei, um novo evangelho ou uma nova ordem social. Outros, como Benjamin, flertam promiscuamente com ambas as possibilidades, permanecendo como um enigma para si mesmos e para todos aqueles que cruzam seu caminho.

Capítulo IV

Alexandre Kojève

Há uma famosa passagem no romance *Fumo*, de Turgueniev, na qual Potugin, um crítico cosmopolita dos eslavófilos, relata sua visita à Exposição do Palácio de Cristal na Londres vitoriana. Ele fica consternado por não encontrar ali uma única invenção russa em exposição, embora não propriamente surpreso. O problema são os intelectuais russos, que se dedicam aos sistemas universais da economia política, mas não se inclinam para a tarefa prática dos projetos de máquinas de lavar. "Eles não são capazes", fulmina Potugin. "Pegar um sapato velho jogado fora há séculos por St. Simon ou Fourier e sacudi-lo no nosso nariz, tratando-o como uma relíquia sagrada — é disso que eles são capazes."

Ficamos nos perguntando o que Sozont Ivanitch Potugin pensaria de Alexander Vladimirovich Kojevnikov, o russo de alta linhagem que se tornou um dos mais influentes filósofos políticos e estadistas da França no século XX. "Kojève", como preferia ser chamado, assemelhava-se a seus compatriotas num aspecto importante: dedicou toda a sua vida intelectual à recuperação e explicação de uma filosofia descartada, a de G. W. F. Hegel. Ao contrário deles, no entanto, também se atirou de cabeça nas questões práticas do mundo, tornando-se um arquiteto da reconstrução europeia no pós-guerra e, não obstante as origens estrangeiras, um estimado conselheiro de presidentes e ministros franceses. É difícil pensar num pensador europeu de relevo no último século que tenha desempenhado papel equivalente nos rumos da política europeia, ou num estadista com comparáveis ambições filosóficas.

104 A MENTE IMPRUDENTE

Durante anos, a estima de Kojève entre os franceses como um pensador importante repousou exclusivamente numa série de conferências proferidas para meia dúzia de ouvintes na década de 1930 e publicadas pelo escritor Raymond Queneau em 1947. Mas, desde a morte de Kojève em 1968, seus admiradores continuaram a trazer à luz os manuscritos que deixou inéditos, e que hoje constituem uma considerável obra filosófica, sendo ele também objeto de uma biografia de grande relevância.[1] Embora suas conferências sobre Hegel tenham sido traduzidas (em versão condensada) para o inglês mais de trinta anos atrás, o interesse por seu pensamento não tem sido intenso no mundo anglo-americano, que relegou Kojève à categoria dos entusiasmos franceses inexplicáveis.

Mas isto vem mudando nos últimos dez anos. O muito discutido *O fim da história e o último homem* (1992), de Francis Fukuyama, levou as ideias de Kojève sobre a história e a política modernas a um público amplo, ainda que nem sempre exigente, e enquanto isso a crescente preocupação com a "globalização" serviu para torná-las ainda mais atuais. Mais importante do ponto de vista filosófico foi a tradução da correspondência de Kojève com o filósofo político Leo Strauss, publicada com uma nova edição do clássico confronto desses dois pensadores a respeito da tirania.[2] Considerados conjuntamente, esses materiais permitem-nos hoje avaliar em primeira mão e de maneira abrangente o pensamento de Kojève.

Kojève nasceu numa família abastada e bem relacionada de Moscou em 1902 e passou os quinze primeiros anos de vida no casulo de luxo da Rua Arbat. Era um meio de grande privilégio social e cultural. Wassily Kandinski era seu tio, e toda a família circulava na periferia da alta *intelligentsia*. Pouco mais sabemos desses primeiros anos, pois Kojève relutava em falar a respeito e seu biógrafo não pesquisou sobre o período. A Revolução de Outubro acabou com o mundo dos Kojevnikov, submetendo-os às privações

---

[1] Dominique Auffret, *Alexandre Kojève: La philosophie, l'état, la fin de l'histoire* (Paris: Grasset, 1990).
[2] Leo Strauss e Alexandre Kojève, *On Tyranny*, edição revista e ampliada a cargo de Victor Gourevitch e Michael S. Roth (University of California Press, 2000).

comuns às famílias da sua classe: perda de propriedades, assassinatos nas mãos de paramilitares, inclusão em listas negras de empregos e educação. O jovem Alexander também seria detido mais tarde pela implacável Cheka por vender sabão no mercado negro, escapando por pouco da execução. Seria por fim libertado com a ajuda de influentes amigos da família, mas a experiência o marcou de um modo surpreendente. Como diria mais tarde a amigos, ele deixou a prisão como um convicto comunista, ainda que em desacordo com as práticas bolchevistas. Numa entrevista concedida pouco antes de sua morte, Kojève explicou o fato de afinal ter fugido da Rússia admitindo que, embora fosse comunista, previu que o estabelecimento do comunismo significaria "trinta anos terríveis". Finalmente impedido de continuar estudando, ele decidiu atravessar a fronteira com a Polônia com um amigo em janeiro de 1920. Tinha 17 anos.

Depois de breve período numa prisão na Polônia por suspeita de espionagem, Kojève acabou chegando à Alemanha, onde vendeu joias contrabandeadas da família para se sustentar enquanto fazia estudos avançados de religião e filosofia. Mas finalmente se estabeleceu em Paris em 1926 a convite de seu amigo Alexandre Koyré, o eminente historiador da filosofia e da ciência que tinha emigrado da Rússia na juventude, antes da revolução, e agora ensinava na École Pratique des Hautes Études. Eles se haviam encontrado alguns anos antes em Heidelberg, nas mais estranhas circunstâncias. Ao que parece, Kojève, sedutor inveterado, tinha provocado um escândalo ao raptar a cunhada de Koyré (com quem rapidamente se casou, para depois se divorciar), e a família encarregou Koyré de trazê-la de volta. Mas, ao retornar do primeiro encontro com Kojève, Koyré estava tão impressionado que disse à mulher, envergonhado: "Ela tem razão: ele é muito melhor que meu irmão." No reencontro em Paris, Koyré apresentou Kojève aos círculos intelectuais e acadêmicos franceses, convidando-o para conferências e mais tarde ajudando-o a conseguir trabalho escrevendo resenhas, quando precisava de dinheiro. (A pequena fortuna de Kojève, investida em ações do fabricante de queijo que usava o slogan *La vache qui rit*, desapareceu na quebra da Bolsa de 1929.)

A partir de então, a vida de Kojève teve dois lados estranhamente justapostos: o filósofo recluso e o funcionário burocrático de alto nível. Sua primeira "vida", ainda hoje a mais conhecida, começou com seu famoso seminário sobre Hegel, que definiu dramaticamente a paisagem intelectual francesa do século XX. O seminário começou em 1933, quando Koyré, que aceitara um cargo temporário no Egito, pediu a Kojève que assumisse o seu curso sobre a filosofia da religião de Hegel na École Pratique. Kojève, que mais tarde confessaria já ter na época lido Hegel várias vezes sem entender uma palavra, decidiu lançar outro ataque contra *Fenomenologia do espírito*. Dessa vez, algo aconteceu.

A *Fenomenologia* de Hegel tenta fazer um relato completo e filosoficamente convincente de como a mente humana (ou espírito, *Geist*) pode, por meio da reflexão sobre seu próprio funcionamento, evoluir de um simples estado de consciência das coisas no mundo para o que ele chamava de um estado de "conhecimento absoluto", no qual a mente finalmente repousa, tendo exaurido no movimento dialético todos os entendimentos parciais e inadequados sobre si mesma. Um passo nessa escada evolucionária é o momento da "autoconsciência", quando a mente pela primeira vez toma consciência de si mesma como força ativa, percepção que leva a uma bifurcação entre a consciência simples e a autoconsciência reflexiva. Hegel descreve esse momento alegoricamente como uma luta entre duas figuras: um senhor (*Herr*), representando a consciência simples, que governa e exige reconhecimento de um criado (*Knecht*), representando a nova autoconsciência. A relação entre senhor e criado é necessariamente de conflito, pois, explica Hegel, é da natureza da mente autoconsciente querer reconhecimento de outras mentes da mesma natureza; é o seu desejo predominante. Mas inicialmente nem o senhor nem o criado entendem esse desejo com todas as suas implicações: o senhor exige reconhecimento, mas o nega ao criado, cujo reconhecimento então não pode valorizar; o criado se ressente dessa desigualdade e luta, mas sem saber pelo que, pois não é capaz de reconhecer a si mesmo. No fim das contas, o criado vence a luta, o que significa, de maneira não alegórica, que a mente autoconsciente aprendeu a se reconhecer e a outras mentes semelhantes pelo que são.

ALEXANDRE KOJÈVE

A maioria dos estudiosos de Hegel considera que a dialética senhor–criado tem um papel importante mas pequeno na arquitetura da *Fenomenologia*. Kojève, contudo, estava convencido não só de que era o momento decisivo dessa obra — e, por extensão, de toda a obra de Hegel — como poderia ser estendida da análise da consciência para a da história, cuja lógica finalmente revela. Sua tese tem ressonâncias ao mesmo tempo marxianas e heideggerianas, mas é totalmente sua. Nas conferências da década de 1930, publicadas sob o título de *Introdução à leitura de Hegel*, ele explicava detalhadamente, ao longo de vários anos, a descoberta de Hegel de que a luta humana por reconhecimento é o motor de toda a história.[3] Essa luta ocorre entre indivíduos, classes e nações; também é encenada religiosa e intelectualmente, projetando os homens servilmente conceitos transcendentes do Divino ou do Bem para se deixarem dominar por eles, e em seguida derrubarem eventualmente esses ídolos na ânsia de autoafirmação. Mas todas essas escaramuças são apenas parte da luta humana global, que tem um objetivo supremo: a satisfação do nosso desejo de reconhecimento como iguais.

Kojève tinha plena consciência de que muitos desses conceitos já tinham sido desenvolvidos no século XIX por hegelianos de esquerda e de direita, não tendo qualquer pretensão de originalidade. Afirmava reiteradamente que o pensamento de Hegel era simplesmente verdadeiro, mas que suas implicações só poderiam ser entendidas à luz da história subsequente, que é o que os hegelianos tentam fazer. Sua única vantagem era ter vivido depois deles e ter o privilégio de ver como e por que a história haveria de confirmar a intuição de Hegel, e o que isso implicava para o futuro. E a implicação mais importante era, simplesmente, que a história tinha acabado — que desde a Revolução Francesa e as conquistas napoleônicas a história moderna nada mais tem sido que o palco no qual se manifestam as rami-

---

[3] *Introduction à la lecture de Hegel*, editado por Raymond Queneau (Paris: Gallimard, 1947). Existe uma tradução inglesa condensada desta obra, editada por Allan Bloom: *Introduction to the Reading of Hegel* (Basic Books, 1969).

108   A MENTE IMPRUDENTE

ficações desses últimos eventos genuinamente histórico-mundiais. Com a Revolução, a ideia do reconhecimento mútuo foi estabelecida e a distinção senhor–criado, abolida da mente humana. Com o desenvolvimento pós--napoleônico do Estado e da economia modernos, os seres humanos tinham alcançado a derradeira fronteira, na qual estavam para se tornar cidadãos iguais e satisfeitos e consumidores, naquilo a que Kojève se referia como o "Estado universal e homogêneo", o que hoje chamamos de "comunidade internacional" e "economia global". Todos os acontecimentos políticos dos dois últimos séculos — guerras, conquistas, revoluções, golpes, tratados, massacres — trabalhavam para esse fim. "A revolução chinesa", disse Kojève laconicamente a um entrevistador, "não passa da introdução do Código Napoleônico na China".

Durante seis anos, um pequeno mas extremamente importante grupo de iniciados sentou-se aos pés de Kojève enquanto ele os acompanhava linha a linha na ainda não traduzida *Fenomenologia*, explicando-lhes o fim da história. Dessa plateia faziam parte Raymond Aron, Eric Weil, Maurice Merleau-Ponty, André Breton, Georges Bataille, Raymond Queneau e Jacques Lacan. (Sartre, que poderia ter aprendido algo com Kojève, nunca compareceu.) Muitos do que estudavam com esse hegeliano russo de 30 anos faziam afirmações extravagantes sobre sua importância, mantendo--se leais a ele, quaisquer que fossem os rumos intelectuais posteriormente tomados por cada um. Roger Caillois recordaria sua "ascendência intelectual absolutamente extraordinária sobre toda uma geração". Para Bataille, cada encontro com Kojève o deixava "quebrado, esmagado, morto dez vezes: sufocado e acabado". Em suas memórias, Raymond Aron incluía o amigo Kojève entre os três intelectos verdadeiramente superiores que já conhecera.

A primeira "vida" de Kojève foi abruptamente transformada em 1939 quando ele concluiu a leitura da *Fenomenologia* e os alemães quase simultaneamente invadiram a Tchecoslováquia. Todo mundo se deu conta da ironia, especialmente o próprio Kojève, que nos anos seguintes com frequência gracejaria sobre a coincidência. Ele passou a guerra em Marselha, onde foi impedido de prosseguir para os Estados Unidos, e depois da liberação voltou para Paris. Lá teve início a sua segunda "vida", aparentemente por acaso. Vendo-se sem emprego nem perspectivas, Kojève foi convidado por dois dos seus alunos menos filosóficos a entrar para o governo como assessor no departamento de relações econômicas internacionais do Ministério das Finanças. Esses alunos, Robert Marjolin e Olivier Wormser, logo estariam entre as mais destacadas figuras da administração e da diplomacia francesas no pós-guerra. Kojève assumiu o cargo e até morrer, em 1968, continuaria atuando como assessor governamental, sendo a importância do seu trabalho oficial confirmada pelos testemunhos de Marjolin, Wormser, do ex-primeiro-ministro Raymond Barre e do ex-presidente Valéry Giscard d'Estaing. Kojève praticamente desapareceu do cenário intelectual parisiense. Houve um breve período de atividade logo depois da guerra, quando ele publicou artigos expondo suas posições nas primeiras edições do periódico *Critique*, de Georges Bataille. E em 1947 ele autorizou Raymond Queneau a publicar suas anotações para as conferências do seminário sobre Hegel, que saíram com o título de *Introdução à leitura de Hegel*. Mas à parte alguma eventual resenha de livro, sempre numa divertida linguagem ferina, Kojève manteve-se praticamente calado. Convidado a fazer recomendações revolucionárias pelos líderes da rebelião estudantil de 1967 em Berlim, ele respondeu: "Aprendam grego."

O grande feito da biografia de Dominique Auffret é ter lançado alguma luz sobre essa segunda "vida", estabelecendo sua relação com a primeira. Ela nos ajuda em particular a contextualizar o malicioso comentário de Kojève, atestado por muitos amigos e alunos, de que era "um comunista de estrita observância" e "a consciência de Stalin". Cabe lembrar que, quando Kojève desenvolvia sua interpretação de Hegel na década de 1930, a maioria dos intelectuais europeus partia do pressuposto de que a democracia e o capitalismo burgueses estavam acabados e seriam vencidos pelo comunismo ou pelo fascismo. Esse não era o ponto de vista de Kojève. Ele estava convencido de que todo o mundo desenvolvido evoluía aos trancos e barrancos para uma sociedade burocrática racionalmente organizada sem distinções de classe. Para ele, era apenas um detalhe saber se esse objetivo seria alcançado por meio do capitalismo industrial promovido pelos Estados Unidos (por ele considerado a alternativa hegeliana de direita) ou do socialismo de Estado da União Soviética (a alternativa hegeliana de esquerda). Em qualquer dos casos, a distinção senhor–criado acabaria desaparecendo, com o surgimento de um próspero Estado universal, satisfazendo o nosso ancestral anseio de reconhecimento.

Parece claro que na década de 1930 Kojève considerava que os russos levavam a melhor nessa luta, não escondendo sua satisfação. Mas ele assumia fundamentalmente uma refinada neutralidade filosófica naquela que viria a ficar conhecida mais tarde como a Guerra Fria. Depois da Segunda Guerra Mundial, ele investiu seu talento na proteção da autonomia europeia, e particularmente francesa, perante a dominação do Leste ou do Ocidente no interregno histórico antecedendo o estabelecimento do Estado universal. Hoje podemos ver mais claramente sua estratégia, num manuscrito recentemente descoberto e intitulado "Esboço de uma doutrina da política francesa", redigido em 1945 e nunca publicado durante a vida de Kojève.[4] Nele, Kojève tenta descrever o ambiente em que se encontrava a França no pós-guerra e esboçar uma possível estratégia internacional baseada na sua leitura da história mundial. A guerra propriamente é tratada como um não acontecimento, apenas uma continuação da batalha entre hegelianos de direita e de esquerda iniciada em Jena e que terminará inevitavelmente no homogêneo Estado universal. O papel da Europa, afirma ele, era servir como uma espécie de calço entre dois protótipos desagradáveis desse Estado, a União Soviética e os Estados Unidos. A estratégia de Kojève consistia em criar uma terceira força, unificando a Europa no que chamava de um novo "Império Latino", no qual a França seria *primus inter pares*. Para isto, propunha novas formas de união econômica e política entre os países latinos (à exclusão da Inglaterra e da Alemanha) e estreitos vínculos com as colônias europeias que então conquistavam a independência.

---

[4] "Esquisse d'une doctrine de la politique française", *La Règle du Jeu* (maio de 1990).

ALEXANDRE KOJÈVE

Embora muitos desses conceitos certamente estivessem no ar em 1945, de fato temos aqui um documento extraordinariamente presciente. Auffret insinua que alguma versão do texto deve ter-lhe rendido seu cargo burocrático, mais tarde influenciando seus superiores. Ao recolher os testemunhos de muitos altos dirigentes e cotejá-los com posteriores memorandos oficiais de Kojève, Auffret expõe elementos plausíveis para considerarmos as ideias de Kojève como uma importante inspiração da política francesa em relação à Europa e ao terceiro mundo nas duas décadas seguintes. (Na formação da CEE e na assinatura dos acordos do GATT, o papel diretamente exercido por ele parece particularmente convincente.) A impressão mais forte deixada por essa intrincada biografia é que a segunda "vida" de Kojève foi uma continuação natural da primeira e que, uma vez tendo entendido como Napoleão dera início ao "fim da história", Kojève simplesmente resolveu contribuir para sua consecução por meio da união europeia e do desenvolvimento do terceiro mundo.[5]

Parece plausível. Infelizmente, o foco de Auffret no aspecto político do "fim da história" de Hegel-Kojève obscurece a outra metade da doutrina, que é o "fim da filosofia". E é a visão da filosofia em Kojève, que ele continuou a desenvolver em caráter privado depois da guerra, que realmente merece nossa atenção. Durante muito tempo se soube que Kojève dedicaria os fins de semana a escrever, comentando-se que estaria redigindo uma "atualização" ("*mise à jour*") da *Enciclopédia* de Hegel, com base na descoberta de que a história da filosofia dera lugar à "sabedoria" hegeliana. Um único obscuro volume, extraído do meio do manuscrito, foi publicado pouco antes da morte de Kojève (a primeira parte do *Essai d'une histoire raisonnée de la philosophie païenne*), e o projeto parecia ter sido um fracasso.[6] Mas o lançamento da

---

[5] Surgiram recentemente informações de que na verdade Kojève pode ter sido o tempo todo um espião russo. Um relatório secreto do governo francês redigido em 1982–1983 e há pouco divulgado menciona Kojève como um dos altos funcionários franceses com ligações com o KGB, embora sem fornecer qualquer prova nesse sentido. Ver "La DST avait identifié plusieurs agents du KGB parmi lesquels le philosophe Alexandre Kojève", *Le Monde*, 16 de setembro de 1999.

[6] O *Essai* foi publicado integralmente em três volumes pela Gallimard entre os anos de 1968 e 1973.

112 A MENTE IMPRUDENTE

introdução à *Mise à jour du "Système du Savoir" Hégélien* (com o título de *Le Concept, le Temps et le Discours*) veio agora completar a publicação póstuma dessa obra inacabada.[7] Lida paralelamente à correspondência de Kojève com Leo Strauss, ela esclarece enormemente seu anúncio do "fim da filosofia", com suas implicações políticas.

Kojève dizia ter descoberto seus *"penchants philosophiques"* em 1917, quando, aos 15 anos, começou a manter um livro de anotações filosóficas, que preservou até a morte. Embora Auffret não tivesse acesso diretamente a esses materiais russos, a seleção para eles traduzida pela ex-companheira de Kojève, Nina Ivanov, sua executora testamentária, é fascinante. O que ela revela é uma jovem alma russa sedenta de sabedoria e atraída pelo misticismo. Em idade muito precoce ele já contemplava uma possível união da filosofia ocidental com a religião oriental (especialmente o budismo), e em seus anos na Alemanha começou a desenvolver com esta finalidade uma sincrética "filosofia do in-existente". Um dos trechos mais estranhos desse livro de anotações, refletindo sua busca da sabedoria sincrética, é a transcrição de um "diálogo" imaginário entre retratos de Descartes e Buda, ocorrido numa biblioteca de Varsóvia em 1920.

Kojève passou então vários anos estudando filosofia, línguas orientais e religião em Heidelberg, onde acabou concluindo, sob a orientação de Karl Jaspers, uma tese sobre o pensador russo Vladimir Soloviev. Um dos mais influentes pensadores da Rússia no fim do século XIX, Soloviev tem sido apresentado de muitas diferentes maneiras: como poeta, filósofo, místico, panteísta, teantropista, teosofista. Em seus escritos, tenta dar ao "Absoluto" de Schelling uma interpretação cristã, incorporando o idealismo alemão à teologia russa por meio do conceito de "Deus–humanidade". Mas sua notoriedade também repousava na alegação de ter tido três encontros místicos com a encarnação feminina de *sophia* (sabedoria), uma vez numa igreja russa e mais tarde no Museu Britânico e no deserto egípcio. (Esses encontros podem ter servido de modelo para o diálogo entre Descartes e Buda concebido por Kojève.)

---

[7] *Le Concept, le Temps et le Discours: Introduction au Système du Savoir* (Paris: Gallimard, 1990).

A leitura de Soloviev por Kojève contribui muito para esclarecer seu próprio interesse por Hegel, e é uma pena que Auffret não tenha examinado diretamente os escritos de Soloviev. Nas *Conferências sobre Deus–humanidade* (1877–1880), por exemplo, já encontramos os temas kojèvianos da união entre Leste e Ocidente, da combinação da divindade com o nada no homem, da aproximação da sabedoria absoluta pela humanidade na história e da necessidade de um Estado universal. O caminho de Hegel e Schelling a Soloviev e Kojève, e de volta, pode parecer simplesmente circular. Mas o que Kojève com toda evidência trouxe a Hegel foi essa experiência do misticismo oriental e cristão e seu estudo de Soloviev. Como diz o próprio Kojève em sua tese, tanto o cristianismo quanto Soloviev tinham razão a respeito de tudo, exceto a existência de um Deus externo. A fundamental verdade antropológica do cristianismo foi a descoberta da original queda do homem da *sophia* e a possibilidade de resgatá-la na história, que é representada pela Encarnação. O teísmo do cristianismo levou-o a situar a Encarnação no meio da história, para então pregar a implausível Ressurreição. Hegel corrigiu este erro situando a Encarnação no início do fim da história.

Kojève acabaria considerando seus estudos religiosos como um erro e se voltando para a filosofia, ao se dar conta de que "alguma coisa aconteceu na Grécia há 2.400 anos, o que foi a origem e a chave de tudo". Se essa virada da teologia para os primeiros gregos parece familiar, faz todo sentido, pois Kojève se viu seguindo bem de perto os passos de Heidegger. Sua dívida para com Heidegger já poderia ser depreendida das conferências sobre Hegel, mas a publicação de *Le Concept, le Temps et le Discours* vem agora esclarecer a questão. Aqui, ele explica de que maneira Heidegger, como Marx antes, tentou sem êxito romper com o sistema de Hegel. Uma vez bem entendido esse sistema, afirma ele, torna-se óbvio que a luta marxiana do trabalho e o encontro heideggeriano com a morte como experiência primordial estavam incorporados nele — ou seja, as posições marxiana e heideggeriana tinham sido absorvidas e superadas pelo próprio Hegel em seu caminho para o conhecimento absoluto. A conclusão de Kojève era que a busca pagã da

114 A MENTE IMPRUDENTE

sabedoria que teve início com os filósofos gregos já chegara ao fim na "circularidade" lógica da *Enciclopédia* de Hegel e que toda a filosofia posterior simplesmente decorria de uma compreensão parcial desse sistema. Hegel era o sábio que Kojève vinha buscando.

Ao longo do século XX, o "fim da filosofia" foi decretado por muitos pensadores, especialmente em decorrência de um ceticismo linguístico ou epistemológico acerca da própria possibilidade de um entendimento racional da experiência. Kojève foi o único entre os pensadores desse século a anunciar a extinção da filosofia em nome da própria filosofia: se a filosofia é o amor da sabedoria, devemos estimular sua consumação. Esse momento chegou com Hegel. Não sabemos ao certo se os franceses realmente entenderam a doutrina de Kojève. Depois da guerra, eles abandonaram Hegel em nome do marxismo, e mais tarde do estruturalismo, e o próprio Kojève se retirou nas entranhas da burocracia francesa. Parece claro hoje que o único intelectual informado da permanente reflexão privada de Kojève sobre o "fim da filosofia" e disposto a dialogar com ele foi Leo Strauss, o pensador judeu alemão cujas ideias políticas tanto têm influenciado os círculos intelectuais conservadores nos Estados Unidos. Graças ao empenho de Victor Gourevitch (um ex-aluno de Strauss) e do historiador Michael S. Roth, a correspondência Kojève–Strauss sobre essa questão finalmente veio a público, constituindo agora um apêndice do clássico estudo *Da tirania*, de Strauss.

Strauss e Kojève conheceram-se em Berlim na década de 1920, quando ambos realizavam estudos de religião. Voltaram a se encontrar em Paris no início da década de 1930 e mais tarde começaram a se corresponder regularmente quando Strauss fugiu para a Inglaterra e depois para os Estados Unidos. As primeiras cartas contêm relatos particularmente tocantes sobre a luta dos dois para se adaptar a ambientes intelectuais estranhos. Kojève adorava Paris e *la vie mondaine*, e, apesar de irônico a respeito dos intelectuais franceses, com toda evidência apreciava sua conversa e companhia. Strauss preferia o café da manhã e o estilo de vida da Inglaterra, tinha Jane

Austen em mais alta conta que Dostoievski e ridicularizava professores e intelectuais que não conseguiam alcançar seus padrões filosóficos. Numa carta, ele repreende Kojève a respeito de um encontro em Paris, escrevendo que "fiquei enojado com a companhia na qual o encontrei". Reiteradas vezes critica a amizade de Kojève com Eric Weil, a cujo livro sobre Hegel se referia como "Prolegômenos a qualquer futura arrogância". Kojève aparece como uma mente mais generosa, e sua ironia geralmente se volta contra si mesmo. Relatando uma conferência pronunciada em 1962 para um auditório cheio, ele admitia ter-se sentido como um "professor de twist famoso" e ter resolvido no futuro seguir o conselho de Strauss e falar apenas para "uns poucos" — mas não sem antes publicar seu ensaio de 2 mil páginas sobre a *Enciclopédia* de Hegel.

O respeito filosófico mútuo era irrestrito. Ao ler *Introdução à leitura de Hegel*, de Kojève, Strauss imediatamente o considerou a mais brilhante defesa do pensamento moderno desde *O ser e o tempo*, de Heidegger, embora, acrescenta, sem "a imprecisão covarde de Heidegger". Kojève devolve o favor em *Le Concept, le Temps et le Discours*, escrevendo que, se não tivesse conhecido Strauss, "jamais teria sabido o que é o platonismo. E, sem sabê-lo, não se sabe o que é a filosofia".

Paradoxalmente, esse respeito filosófico recíproco surgiu da comum convicção de que a filosofia ocidental alcançara um ponto-final e precisava ser totalmente reformulada. Como Hegel, Kojève considerava que a filosofia da história tinha sido impulsionada por sua relação dinâmica com a história da realidade social e política, cada uma delas moldando a outra num constante movimento dialético em direção ao ponto de repouso final. Quando Hegel, segundo se diz, viu Napoleão montado a cavalo em Jena e entendeu seu significado histórico-mundial, foi o momento em que a filosofia chegou ao fim. Agora, segundo Kojève, a tarefa do pensamento é voltar-se do reino das ideias desencarnadas e investir na tarefa mais mundana de ajudar a construir o Estado homogêneo universal. A histó-

116 A MENTE IMPRUDENTE

ria da filosofia acabou; teve início a era da sabedoria hegeliana aplicada politicamente à gestão das coisas. Eis como Kojève descreveu sua própria vocação num artigo de 1946:

> Toda interpretação de Hegel, se for algo mais que conversa fiada, nada mais é que um programa de luta e trabalho (um desses programas é o marxismo). O que significa que o trabalho de um intérprete de Hegel representa um trabalho de propaganda política. [...] Pois é possível que o futuro do mundo e, portanto, o significado do presente e a significação do passado dependam em última análise de como se interpretam hoje os escritos de Hegel.

Strauss deduziu consequências completamente diferentes do que também considerava como a exaustão da filosofia no século XX. Para ele, a lição do fato de Heidegger ter posto sua filosofia a serviço de Hitler foi que o pensamento moderno como um todo perdera sua relevância em relação à política e que essa relação precisava ser repensada à luz da filosofia política clássica abandonada pelos modernos. Já em 1935, Strauss escrevia a Kojève sobre a necessidade de buscar "uma radical libertação do preconceito moderno" — vale dizer, o preconceito de que a época moderna progrediu sob todos os aspectos em relação ao mundo clássico e é superior a ele. O resto da vida intelectual de Strauss seria dedicado à análise das origens e do modo de ação desse preconceito, assim como ao restabelecimento do estudo do pensamento clássico, para que a "querela entre antigos e modernos" pudesse ser reencenada com maior clareza a respeito de suas implicações políticas.

Kojève e Strauss concordavam em que a escolha entre filosofia antiga e "sabedoria" moderna teria o mais profundo efeito sobre a maneira como pensamos e vivemos politicamente. Começaram a levantar essa questão na década de 1930, mas só depois da guerra seu debate adquiriu foco, após a publicação da *Introdução*, de Kojève, e de *Da tirania*, de Strauss, que é uma tradução detalhadamente comentada do diálogo *Hieron*, de Xenofonte.

ALEXANDRE KOJÈVE

O pequeno volume de Strauss, publicado inicialmente em 1948, parece à primeira vista pouco mais que um estudo de erudição de uma obra esquecida. Mas Kojève, que escreveu a respeito uma longa resenha em francês, imediatamente entendeu sua relação com o velho debate de ambos e a experiência política da Europa no século XX. Para Strauss, o fato mais marcante sobre essas experiências não era o surgimento de novas tiranias — a tirania é um problema que sempre acompanhou a vida política —, mas que tantos filósofos e intelectuais não tivessem sido capazes de reconhecê--las. O que o *Hieron* ensina, na leitura de Strauss, é que a filosofia precisa estar sempre consciente dos perigos da tirania, que representa uma ameaça tanto à honestidade política quanto à vida filosófica. Ela precisa entender o suficiente da política para defender sua própria autonomia, sem cair no erro de pensar que pode moldar o mundo político segundo seu próprio entendimento. A tensão entre a filosofia e a política, mesmo a política em suas piores formas tirânicas, pode ser administrada mas nunca eliminada, devendo, portanto, permanecer como uma preocupação fundamental de todos os filósofos. Qualquer tentativa de fugir dela, retirando-se num jardim ou colocando a própria mente a serviço da autoridade política, significará o fim da reflexão filosófica.

Em sua resenha, Kojève objeta que o próprio Strauss é vítima de um preconceito, o velho preconceito contra a tirania que não consegue ver como a tirania moderna (ele tem em mente a União Soviética) pode fazer avançar o trabalho da história e preparar o caminho para um futuro melhor. Num nível mais profundo, contudo, ele acusa Strauss de se aferrar a uma antiga e ilusória concepção da filosofia como reflexão desinteressada de indivíduos em busca do eternamente verdadeiro, belo e bom. Ao se darem conta de que não havia tais ideias eternas, de que todas as ideias surgem apenas da história humana de luta, os filósofos modernos deram-se conta também de que precisam participar ativamente da história, conferindo existência às futuras verdades latentes no presente. Desse modo, filósofos e tiranos precisam uns dos outros para concluir a obra da história: os tiranos precisam ser informados dos potenciais adormecidos no presente; os filósofos precisam de homens audaciosos o suficiente para tornar realidade esse potencial. Essa relação, segundo Kojève, é uma relação "razoável", entendida por adultos de ambos os lados. Quanto à obra de cada um deles, só a história julgará.

A resposta de Strauss a esse desafio mostra como ele entendia profundamente o que estava em jogo na posição de Kojève. Como pode Kojève, pensa Strauss, imaginar que a tirania de Stalin seja moralmente diferente das antigas tiranias, simplesmente em virtude de sua ideologia moderna? Num nível mais profundo, como pode Kojève ter tanta certeza da sabedoria de sua sabedoria? "A filosofia como tal", afirma Strauss, "nada mais é que a genuína consciência dos problemas, vale dizer, dos problemas fundamentais e abrangentes". Existe no modo de pensar de Kojève algo profundamente afilosófico, e até desumano — uma necessidade de impedir a infindável busca do esclarecimento, associada a uma esperança messiânica no dia em que a luta humana cessará e estaremos todos satisfeitos. "O estado pelo qual se diz que o homem se torna racionalmente satisfeito", segundo Strauss, "é o estado no qual a base da humanidade definha, ou no qual o homem perde sua humanidade. É o estado do 'último homem' de Nietzsche".

Kojève estava mais que disposto a aceitar essa caracterização da sua posição. Nietzsche evidentemente estava em seu horizonte durante as conferências sobre Hegel, e terá sido provavelmente este o motivo pelo qual ele maliciosamente traduziu a palavra alemã empregada por Hegel para designar criado (*Knecht*) como *esclave*, escravo em francês. Para Kojève, a vitória dos criados sobre os senhores na história significará a vitória do que Nietzsche chamava de "moral escrava", que nivela a excelência humana e frustra a luta humana em nome da igualdade e da paz. Em 1950, ele escreveu a Strauss: "No estado final não pode mais haver 'seres humanos' no nosso sentido de um ser humano histórico. Os autômatos 'saudáveis' estão 'satisfeitos' (esportes, artes, erotismo etc.), e os 'doentes' são trancafiados. [...] O tirano torna-se um gestor, um dente na engrenagem da 'máquina' criada pelos autômatos para os autômatos."

Era famoso o senso de humor de Kojève, e aqui, como em muitas de suas cartas e entrevistas, não fica perfeitamente claro até que ponto está sendo sério. Mas, por trás da ironia e da malícia, Strauss via algo que, embora merecesse seu respeito intelectual, também o horrorizava. Para Kojève, a perspectiva de o homem tornar-se menos humano ao abandonar a busca do esclarecimento ou da perfeição moral não era um desejo utópico nem um medo distópico; era uma possibilidade que a história tornara mais provável e que, portanto, devia ser levada em conta. Sua neutralidade na guerra fria entre capitalismo liberal-democrata e socialismo tirânico de Estado se enraizava numa profunda indiferença pela potencial desumanização dos seus semelhantes, cujo sofrimento só lhe preocupava na medida em que dava origem a lutas por reconhecimento suscetíveis de moldar a história. O destino dos perdedores não tinha interesse para ele. Felizmente, Kojève nunca ocupou uma posição oficial em que pudesse testar sua disposição a esse respeito. Mas seu exemplo permite-nos entender melhor as experiências históricas dos homens, russos ou não, que trataram uma ideia como uma relíquia sagrada e permitiram que inspirasse suas tentativas de remodelar a sociedade à sua semelhança.

Capítulo V

Michel Foucault

A OBRA DE Michel Foucault não deixa ninguém indiferente. Hoje, mais de três décadas após sua morte, ainda é quase impossível discutir seus livros e suas ideias de maneira desapaixonada. Por que será? Por que os textos e declarações de um pensador às vezes obscuro, sempre cauteloso, ainda provocam sentimentos tão fortes, muito depois de ele se tornar uma espécie de monumento na paisagem da vida intelectual do século XX?

Um dos motivos, talvez o mais importante, é que, para muitos dos seus leitores cheios de admiração, Foucault sempre foi mais que o autor dos seus livros. Para a geração que chegou à maioridade nas décadas de 1960 e 1970, ele também serviu de exemplo do que significa levar uma vida intelectual e politicamente séria. Essa posição não lhe desagradaria. Ao longo da vida, Foucault se declarou um discípulo de Nietzsche, o que pode significar muitas coisas, mas para ele parecia significar acima de tudo que a atividade intelectual deve emanar daquilo que a pessoa é ou busca ser, e que isto não é uma falha. Como escreveu Nietzsche em *Além do bem e do mal*:

> Gradualmente ficou claro para mim o que toda grande filosofia até hoje tem sido: a saber, a confissão pessoal do seu autor e uma espécie de memória involuntária e inconsciente; e também que as intenções morais (ou imorais) de toda a filosofia constituem o verdadeiro germe da vida, do qual brotou a planta inteira.

Ao ler um autor nietzschiano como Foucault, portanto, somos obrigados a aplicar a máxima do próprio Nietzsche e julgar a obra não como algo independente do modo de ser do autor e dos seus compromissos morais, mas de acordo com eles. "No filósofo", prossegue Nietzsche, "nada existe em absoluto que seja impessoal; acima de tudo, sua moral dá decidido e decisivo testemunho de *quem* ele é". Desse modo, a primeira pergunta que devemos fazer ao ler qualquer filósofo, mas especialmente um que tenha compreendido a intuição de Nietzsche, é: para que moral tudo isto (ou ele) aponta?

Devemos a James Miller o fato de seu provocativo estudo biográfico de Foucault fazer essa pergunta autenticamente nietzschiana a respeito do seu objeto.[1] Ao tratar vida, obra e morte de Foucault como um todo, e também como parte da mesma busca no sentido de realizar o ideal de Nietzsche de uma síntese explícita de vida e obra, Miller apresenta um retrato tão eloquente do pensador quanto poderíamos esperar. A história que conta é ao mesmo tempo estimulante, pungente e horripilante. Somos apresentados a um espírito nobre e independente que obstinadamente perseguia a felicidade tal como a entendia, e em seguida assistimos ao processo mediante o qual uma obsessão intelectual com a "transgressão" culminou numa perigosa dança com a morte. No intervalo, podemos vê-lo fazer um desvio insensato e infrutífero pela política da sua época, desvio que levanta importantes questões sobre o que acontece quando alguém leva a sério a doutrina de Nietzsche da voluntariosa autocriação, usando-a para orientar seus engajamentos políticos. Miller escreveu um livro importante, um *Ecce Homo* pós-moderno que nos permite avaliar o homem e a visão política inspirada por sua moral nietzschiana.

---

[1] *The Passion of Michel Foucault* (Simon and Schuster, 1993). Na questão dos detalhes biográficos básicos, Miller escora-se fortemente num trabalho anterior, *Michel Foucault*, do jornalista francês Didier Eribon, traduzido por Betsey Wing (Harvard University Press, 1991). Para uma análise ligeiramente diferente mas muito sugestiva da relação entre a vida de Foucault e sua obra, ver Jerrold Seigel, "Avoiding the Subject: A Foucauldian Alternative", *Journal of the History of Ideas* (1990), pp. 273–299.

MICHEL FOUCAULT

Foucault foi batizado Paul-Michel ao nascer em Poitiers em 1926. Sua família fazia parte da burguesia católica bem situada e esperava que ele seguisse a carreira do pai, um médico de quem herdara o nome. A guerra arruinou esses planos. Depois de testemunhar pessoalmente a vergonha da Ocupação e a hipocrisia de Vichy, Foucault rumou para Paris em 1945, para nunca mais voltar. (Mais tarde ele abandonaria o nome Paul, distanciando-se ainda mais do pai.) Miller não tem muita coisa nova a dizer sobre a família de Foucault, tratando sua chegada à Paris recém-liberada como o início da história. Foi lá que o jovem estudante descobriu a filosofia sob a tutela de Jean Hyppolite, o respeitado estudioso de Hegel que ensinava numa das escolas que preparavam os jovens para a École Normale Supérieure. Essas escolas sempre serviram como importantes canais da doutrina filosófica francesa, e Hyppolite representava a orientação hegeliana da década de 1930. Mas, ao chegar à maioridade depois da Ocupação, Foucault e muitos dos seus contemporâneos consideraram impossível abraçar o humanismo existencial que se desenvolvera nessa época e que era representado pela figura de Jean-Paul Sartre. Embora se sentissem vagamente atraídos pelo marxismo e pelo Partido Comunista Francês, eles quase imediatamente deram as costas à geração de Sartre e Hyppolite, começando a explorar pensadores que consideravam mais radicais — principalmente Nietzsche e Heidegger, mas também autores de vanguarda e surrealistas cuja hostilidade à vida burguesa assumia formas mais estéticas e psicológicas.

A história dessa geração intelectual francesa, seu confuso envolvimento com o marxismo na década posterior à guerra e o eventual desenvolvimento do estruturalismo e do chamado pós-estruturalismo, não é inteiramente nova. Mas Miller demora-se nesses anos iniciais para examinar de que maneira esses desdobramentos poderiam estar relacionados às experiências mais íntimas de Foucault no período. Foucault aparentemente sentiu-se infeliz na École Normale, e, apesar da fama de intelectual brilhante, vivia quase universalmente desprezado e sem amigos. Declarava-se discípulo do Marquês de Sade e se divertia com pavorosas gravuras de Goya retratando a carnificina da guerra. Miller informa-nos que certa vez ele perseguiu um

126 A MENTE IMPRUDENTE

colega pela faculdade com um facão; de outra feita, foi encontrado por um professor de bruços no chão da sala de aula, sem camisa e com o peito rasgado por cortes de navalha. Seguiu-se em 1948 uma tentativa de suicídio mais séria, após a qual ele foi levado para um hospital psiquiátrico e (como seu novo professor Louis Althusser) instalado num quarto particular na enfermaria da faculdade.

De modo cauteloso, mas convincente, Miller conclui que a origem da dor de Foucault era uma homossexualidade *mal vécue*. Naturalmente, na época, um jovem francês praticamente só podia viver sua homossexualidade na sombra, vivenciando a vergonha, o medo, o sarcasmo, a autodepreciação e o endurecimento que uma vida assim inevitavelmente trazia. Miller considera seus efeitos múltiplos e indiretos. Embora Foucault pudesse ver-se como um marginal social por causa da sua homossexualidade, foi a ideia dos limites sociais e sua transgressão, e não o homoerotismo como tal, que dominou sua visão de mundo na maturidade. Miller certamente está com a razão, e essa percepção permite-nos considerar dois temas separados mas relacionados na vida de Foucault. O primeiro, que deve muito à mistura Marx–Nietzsche criada por sua geração, era a análise histórica de como as distinções existentes na sociedade moderna — entre lei e crime, sanidade e insanidade, ordem e desordem, natural e perverso — vieram a se desenvolver, e uma crítica moral (menos explícita) dessas distinções como arbitrárias e duvidosas. O segundo tema deve mais à descoberta, por Foucault, de figuras surrealistas e de vanguarda como Georges Bataille, Antonin Artaud e Maurice Blanchot, cuja influência nessa mesma geração não é muito entendida fora da França. Neles, Foucault viu a possibilidade de explorar pessoalmente o que estava ainda mais além dos limites da prática burguesa comum, buscar o que chamava de "experiências-limite" de erotismo, loucura, drogas, sadomasoquismo e até suicídio.

Aqui é que Miller se mostra mais original. Ele entrevistou grande número de pessoas que estiveram envolvidas nas explorações dionisíacas de Foucault nesses terrenos ou estavam em condições de relatá-las de maneira digna de crédito; também reexaminou os escritos de Foucault à sua luz, descobrindo

MICHEL FOUCAULT

um número muito maior de alusões a essas experiências do que havíamos notado. E, em suas idas e vindas entre a vida e a obra, ele consegue evocar a dupla busca de Foucault: olhar a sociedade moderna com o distanciamento do nietzschiano que vê a vontade de poder em ação em todo lugar e percorrer as zonas mais distantes da experiência humana que essa sociedade e sua moral mantiveram longe de nós. Exceto por um breve período de três anos como membro do Partido Comunista Francês e um livro sobre psicologia, na juventude, com ressonâncias pavlovianas, Foucault pouco teve a ver com o marxismo e o stalinismo da década de 1950. Mais tarde ele o explicaria com o fato de ter descoberto as *Considerações extemporâneas* de Nietzsche certo verão. A partir de então, observou, sua vida tomou um rumo diferente, e ele começou de novo "sob o sol da grande busca nietzschiana".

Na verdade, Miller poderia até ter enfatizado mais o caráter apolítico e mesmo antipolítico da orientação inicial de Foucault. Isto teria estabelecido maior contraste com seu posicionamento político posterior, pelo qual provavelmente é mais conhecido no exterior. Para os que foram introduzidos a suas ideias através dos escritos e engajamentos do fim da década de 1960 e início da década de 1970, a posterior retirada de Foucault da militância para obscuros textos clássicos sobre moral e sexualidade sempre pareceu peculiar, tendo gerado uma subliteratura nada esclarecedora de investigação da necessidade dialética das suas famosas "viradas". Miller acompanha de maneira geral esse esquema progressivo. Mas, quando voltamos à obra de Foucault e ao contexto político francês depois de ler *The Passion of Michel Foucault* [A paixão de Michel Foucault], o que surge é uma imagem bem diferente. Foucault aparece agora como um moralista nietzschiano basicamente privado que começou e concluiu sua carreira tentando orientar-se em relação à sociedade e aos seus próprios impulsos. O Foucault político aparece como exceção, produto de uma infeliz conjuntura histórica.

A distância de Foucault em relação à política francesa foi inicialmente geográfica. Decepcionado com o fim da sua primeira ligação sexual séria e sentindo-se ainda mais marginalizado na sociedade francesa, Foucault aceitou impetuosamente uma posição como professor na Suécia em 1955,

128 A MENTE IMPRUDENTE

sob a equivocada impressão de que os suecos eram mais abertos que os franceses. Viu-se extremamente isolado, mas se valeu da solidão para iniciar aquela que ainda hoje é sua principal obra, *História da loucura na idade clássica* (1961). Três anos sufocantes em Uppsala foram tudo que Foucault conseguiu suportar, e em 1958 ele aceitou um posto cultural na Polônia. Lá, teve um lembrete ainda mais brutal da sua situação social, quando a polícia secreta polonesa o expôs como homossexual num esquema de chantagem, forçando-o a fugir do país. Ele então passou dois anos em Hamburgo, só retornando à França em 1960.

E tampouco se comportaria como um *engagé* ao retornar ao país natal. Foucault chamou a atenção do público pela primeira vez em 1961, como simples acadêmico, quando *História da loucura na idade clássica* foi publicado como sua tese. Do mesmo modo que seu autor, o livro tinha dois aspectos relacionados que imediatamente atraíram leitores franceses mais avançados. Como obra histórica, contava uma fábula que voltaria a aparecer em muitos dos seus trabalhos posteriores: a certa altura do século XVII, os europeus começaram a distinguir diversas experiências e "práticas" em categorias rígidas, aceitando umas e reprimindo outras. No caso da loucura, isto significou um deslocamento de uma visão trágica ou jocosa do fenômeno para o medo da ameaça que a *déraison* representava para a moderna *raison*. Mais tarde, no fim do século XVIII e no século XIX, a loucura (*folie*) foi naturalizada como conceito médico, sendo concebidas várias terapias. O que se perdeu nesses desdobramentos, segundo Foucault, foi o respeito pré-moderno pela *déraison* como um poder demiúrgico revelando coisas que a *raison* preferia ignorar. Foram necessários o Marquês de Sade, Nietzsche e Artaud para restabelecer a *déraison* no seu devido lugar psicológico.

Esse trabalho impressionou profundamente a banca acadêmica à qual Foucault se apresentou. Ao contrário de seus posteriores discípulos, os examinadores concordaram em que não se tratava de uma obra convencional de história que pudesse ser avaliada pelo significado superficial, considerando-a "mítica" e "alegórica". Como todos os livros de Foucault, ele faz uso extremamente limitado de fontes de arquivo, mas fala no tom

MICHEL FOUCAULT

magistral da História Universal. Seu estilo deve mais ao de Hegel e da história francesa da ciência (Gaston Bachelard, Georges Canguilhem) que ao do engenhoso Nietzsche que Foucault queria imitar. Ainda assim, como obra de imaginação, como prolegômenos a futuras histórias da loucura, é um livro extraordinariamente rico.

Como os leitores franceses não são lá muito exigentes quanto à fronteira entre história e filosofia, também se mostraram atentos à mensagem extra--histórica (vale dizer, moral) de *História da loucura na idade clássica*. Era, como puderam ver, uma recomendação de explorações pessoais de experiências que a idade moderna supostamente reprimira ao aceitar uma distinção clara entre corpo e mente, e entre as paixões da mente e sua pura faculdade da razão. Que experiências são essas? A loucura é uma delas: "Qual é o poder que condena à *folie* todo aquele que enfrentou o desafio da *déraison*?" A violência sexual é outra: "Graças a Sade e Goya, o mundo ocidental descobriu a possibilidade de superar a razão pela violência." Os que conheciam Foucault na França imediatamente viram nessa obra um exercício de autobiografia, um guia das regiões psicológicas e sexuais que ele já visitara.

A reputação de Foucault como acadêmico apolítico continuou a crescer no início da década de 1960. Em 1963, ele publicou *O nascimento da clínica* e um estudo menos conhecido sobre o escritor surrealista Raymond Roussel, cuja obsessão com o sadomasoquismo homossexual, as drogas e o suicídio era compartilhada por Foucault. Seguiu-se o notável *As palavras e as coisas* (1966), denso estudo das "ciências humanas", cujo sucesso espantou até o próprio autor. O livro ainda hoje é altamente sedutor, da enigmática interpretação do quadro *As meninas*, de Velázquez, logo no início, ao encerramento com a profecia de que o homem desaparecerá como um vestígio na areia. Retoricamente, ele alcança seus objetivos por meio de uma espécie de *surenchère* intelectual: se a biologia é uma nova ciência, também o é a ideia de "vida"; se as ciências humanas foram inventadas, também o foi o "homem"; e assim por diante. Como *História da loucura na idade clássica*, *As palavras e as coisas* pretendia indicar o caminho de saída do humanismo iluminista — que, no entendimento de Foucault, propagara uma visão mítica e opressiva de mentes, corpos e so-

130   A MENTE IMPRUDENTE

ciedades bem ordenados — em direção a Nietzsche, Sade e os surrealistas, que promoviam uma espécie de anarquia moral e psicológica. Entretanto, como o público parisiense tateava na época para entender as diferentes variantes do estruturalismo, o livro tornou-se imediatamente um best-seller, apesar da polida insistência de Foucault em que não era um estruturalista.

A reação de Foucault à publicidade foi reveladora. Ele deixou a França mais uma vez, aceitando um cargo na Tunísia em 1967 para estar perto do jovem amante que haveria de se tornar seu companheiro de toda a vida. Ficamos nos perguntando o que teria acontecido se ele lá tivesse permanecido, longe das seduções parisienses. Acaso teria ele se tornado um Paul Bowles francês, escrevendo livros esotéricos sobre suas experiências com drogas e sexo no litoral da África? Jamais saberemos. Foucault voltou às pressas para Paris em maio de 1968, ao ter notícia dos "acontecimentos", dando início ao seu desvio político, que só chegaria ao fim uma década depois.

O que Foucault viu ou pensou ver em maio de 1968 não é difícil de imaginar. Até então, suas explorações nietzschianas se haviam limitado à Biblioteca Nacional ou a salas fechadas. Mas os acontecimentos de maio tinham convencido muitos de que a linha divisória entre a normalidade burguesa e as experiências extremas fora coletivamente apagada por toda uma geração e de que estava surgindo um novo tipo de sociedade no qual a classe trabalhadora obteria a adesão das "massas não proletárias" — mulheres, prisioneiros, homossexuais, pacientes psiquiátricos — para criar uma nova sociedade descentrada. Foucault compartilhou dessa ilusão por algum tempo e se dedicou de corpo e alma a promovê-la, trocando sua reticência acadêmica pela retórica anti-intelectual do propagandista. "Não é para 'despertar a consciência' que lutamos", declarou numa conversa em 1972 com Gilles Deleuze, "mas para sabotar o poder, para tomar o poder". E ele acrescentava:

> Na revolta mais recente [maio de 1968], o intelectual descobriu que as massas não precisam mais dele para adquirir conhecimento: elas *sabem* perfeitamente bem, sem ilusão; sabem muito melhor que ele e certamente são capazes de se expressar. Mas existe um sistema de poder que bloqueia, proíbe e invalida esse discurso.

Esta é a linguagem do novo e político Foucault, que agora podia ser visto assinando manifestos, participando de passeatas e jogando pedras nos policiais. É também o estilo do guru Foucault, preservado como múmia sem vida nos *campi* americanos, onde suas inescrutáveis e contraditórias entrevistas do período ainda são consultadas para adivinhar a relação entre *pouvoir* e *savoir, discours* e *pratique, corps* e *corps*.

Sabia-se na França que Foucault não era rigorosamente um marxista como Althusser, que se considerava discípulo de Nietzsche, mas supunha--se que compartilhava dos pressupostos pacíficos e libertários da esquerda radical de que fazia parte. Miller lança dúvidas sobre essa imagem dos pontos de vista políticos de Foucault na década que se seguiu a 1968, sustentando uma convincente argumentação de que sua mórbida atração pelas "experiências-limite" está por trás de todas as suas mobilizações políticas nesses anos. Enquanto muitos da jovem geração alegavam ter aderido às drogas, à vida comunitária e às experiências sexuais como forma de fugir ao controle do "poder", Foucault as celebrava como exercícios de dominação do eu e dos outros, voltados contra "tudo que na civilização ocidental restringe o desejo de poder". O que estava além das margens da sociedade burguesa não era menos poder, mas mais. Assim, num debate com Noam Chomsky na televisão em 1971, Foucault afirmava alegremente:

> O proletariado não entra em guerra contra a classe dominante por considerar que essa guerra é justa. O proletariado entra em guerra contra a classe dominante porque, pela primeira vez na história, quer tomar o poder. Quando o proletariado tomar o poder, é perfeitamente possível que exerça, em relação às classes sobre as quais triunfou, um poder violento, ditatorial e até sangrento. Não vejo que objeção poderia ser feita a isto.

Falar de poder e morte como ele falou no sangrento início da década de 1970 na Europa não era nada frívolo. A Esquerda Proletária maoista, à qual Foucault estava ligado, dividiu-se nessa época quanto à questão de seguir ou não o exemplo dos terroristas italianos e alemães e começar a matar gente. Seu líder, Benny Lévy, achava ter assumido a posição mais radical ao convocar tribunais populares para julgar os "inimigos do povo". Mas Foucault, que na época era professor no Collège de France, foi além num famoso debate, fazendo até mesmo formalidades judiciais parecerem uma armadilha burguesa destinada a impedir a vingança do povo. "Devemos começar com a justiça popular", disse, "com atos de justiça pelo povo, e em seguida perguntar que lugar um tribunal deve ter nisso". Como se ainda não estivesse claro, acrescentou que a função do Estado deve ser "educar as próprias massas, que chegam dizendo, 'na verdade, não podemos matar este homem', ou 'na verdade, devemos matá-lo'".

Os leitores de Miller que têm uma visão simples de Foucault certamente ficarão desalentados com esse retrato de um nietzschiano irresponsável misturando suas obsessões da sombra com a política do período. Mas Miller tem razão de insistir nesse ponto e apresentar os livros muito influentes de Foucault na época, especialmente *Vigiar e punir* (1975), como permeados de violência e sadomasoquismo. É difícil saber como encarar este livro especificamente, que derivou do trabalho de Foucault com um grupo radical de reforma do sistema carcerário. Sua tese subjacente — de que o controle social moderno é ainda mais insidioso por ser exercido de maneira invisível e não violenta — não era propriamente nova para uma geração convencida de que vivia num reino de "tolerância repressiva". Mas Foucault a desenvolve sem as nuances que caracterizavam seus primeiros escritos. Desde as primeiras páginas, descrevendo em terríveis detalhes o esfolamento e esquartejamento do fracassado regicida Damiens, deparamo-nos com um júbilo vitalista diante do sangue e da crueldade física que contrasta com seu retrato demoníaco de como as instituições friamente eficientes da vida moderna cumprem seu papel. A fábula desfiada por Foucault conta de que modo a vigilância social, que costumava ser exercida direta e brutalmente, não fora realmente amainada desde o século XVIII; na verdade, tornara-se mais disseminada e insidiosa graças a meios indiretos de disciplina, sobretudo psicológica, em escolas, prisões e hospitais. Essa nova vigilância é pior que a antiga, não por perpetuar o poder (o poder está em toda parte), nem por ser exercida por um grupo e não por outro (o que é inevitável), mas por atuar nos recantos ocultos da alma, em vez de deixar sua marca no corpo para que todos vejam.

Vigiar e punir, o menos consumado dos livros históricos de Foucault, tem sido o de maior influência nos Estados Unidos, onde suas alusões ao "poder" oculto combinam tão bem com o estilo paranoico da política americana. Miller o leva muito a sério. Na França, contudo, a recepção foi diferente. Embora fossem publicadas longas e respeitosas resenhas logo que o livro saiu em 1975, no ano anterior uma obra muito mais influente sobre as prisões modernas fora lançada, o *Arquipélago Gulag*, de Soljenitsin. O contraste entre as duas não podia ser maior, abafando o efeito que Foucault acaso julgasse que sua obra poderia vir a ter mais tarde na França. Diante daquela impressionante descrição da tortura física e mental comandada por um regime que muitos na França ainda consideravam a vanguarda do progresso social, era difícil sustentar dentro dos parâmetros do bom gosto que as salas de aula ocidentais eram prisões. Não muito depois, os refugiados conhecidos como *boat people* começaram a fugir do Vietnã e do Camboja, e em questão de poucos anos importantes intelectuais franceses começaram a se declarar adversários de qualquer coisa ligada ao marxismo. Foucault costumava provocar risinhos nervosos ao fazer piada com a crueldade e a dor, mas ninguém mais achava graça.

A rápida mudança política no meio intelectual francês em meados da década de 1970 teve profundo efeito em Foucault, mais profundo do que Miller admite. O motivo é que Foucault nunca foi um líder político. Ele era o que os franceses chamam de *suiviste*: do flerte com o stalinismo na década de 1950 às atividades com a Esquerda Proletária na de 1970, ele simplesmente seguia a multidão parisiense (bem exclusiva, é verdade). Quando ela mudou de direção, Foucault ficou desorientado, e não apenas politicamente. Mesmo intelectualmente, ele parecia de fato confuso. Quando o ex-maoista André Glucksmann publicou em 1977 *Les maîtres penseurs*, um ataque às tentações totalitárias dos filósofos modernos, Foucault escreveu uma resenha altamente elogiosa, muito embora indiretamente o livro implicasse sua própria obra. Em seus cursos no Collège de France, ele logo se afastaria do estudo da marginalização social para tratar de questões mais tradicionais de filosofia política, estimulando os alunos a ler autores libertários da direita, como Friedrich A. Hayek e Ludwig von Mises. Contudo, suas contraditórias investidas na política tiveram prosseguimento. Quando havia manifestações de apoio aos *boat people* ou ao sindicato polonês Solidariedade, ele invariavelmente estava presente. Mas, no momento da revolução iraniana em 1978, Foucault novamente ouviu o canto de sereia de uma "experiência-limite" na política, uma experiência cujas consequências devastariam aquele país, deixando seu povo sob o tacão de uma implacável e tacanha clerocracia. Naquele outono, ele fez duas visitas ao Irã como correspondente de um jornal italiano, exultando com a "embriaguez" da revolução e a violenta expressão da "vontade coletiva", e ao mesmo tempo louvando a "espiritualidade política" de seus líderes, que, segundo ele, refletia uma saudável "religião de combate e sacrifício".

Seria possível apresentar essa mudança na obra e nas atividades de Foucault como mero oportunismo, considerando-se a recente preocupação francesa com o liberalismo e os direitos humanos, e na França de hoje muitos sustentam este ponto de vista. Mas provavelmente Miller está com a razão em pensar que Foucault na verdade estava voltando à sua busca moral particular. O político mais uma vez se tornara o pessoal. O elemento catalisador parece ter sido a Califórnia, que Foucault começou a visitar na década de 1970, lá descobrindo toda uma subcultura homossexual e sadomasoquista. Era como se as fantasias transgressoras de Sade de repente se tornassem realidade social para ele: "Esses homens vivem para o sexo casual e as drogas. Incrível!" Abandonando a ilusão de transformar a sociedade moderna como um todo, Foucault juntava-se agora a uma sociedade menor de homens de ideias afins que compartilhavam de seus gostos, fora dos limites da respeitabilidade burguesa. E em sua obra intelectual ele também retornou ao tema não declarado dos seus primeiros livros: a moral sexual.

MICHEL FOUCAULT

Miller se esforça por conferir sentido à última década de vida de Foucault, e em parte consegue, tratando suas explorações sexuais em pensamento e atos como profundamente relacionadas. Miller especula algo canhestramente quanto aos atos, mas a respeito dos escritos de Foucault ele serve como bom guia. Com sua ajuda, podemos hoje integrar o pouco compreendido projeto tardio de Foucault, a *História da sexualidade* (3 vols., 1976–1984), ao esquema de suas anteriores investigações históricas e morais. O primeiro volume desse estudo inconcluso foi publicado em 1976 e respira o mesmo ar que *Vigiar e punir*, cheio de especulações carregadas de desconfiança sobre a "construção" social da identidade sexual, a "normalização" do comportamento por parte da ciência novecentista e assim por diante. Mas os dois volumes seguintes, que só seriam publicados às vésperas de sua morte em 1984, são muito mais íntimos e, sob certos aspectos, diferentes de tudo que ele já escrevera. Para começar, tratam da sexualidade na antiguidade, e não na Europa do século XIX, voltando-se explicitamente para a moral individual, questão cuidadosamente evitada por Foucault até então.

A mudança de tom e de orientação pode ser vista mais claramente na introdução de *O uso dos prazeres*, o segundo volume da história. As obras anteriores de Foucault davam a impressão, mas sem jamais fazer explicitamente essa afirmação, de que o sujeito moral como tal não existe, de que o que consideramos nossa liberdade subjetiva nada mais é que um efeito da linguagem e do poder. Mas agora ele explica como fora levado, a partir de uma investigação da ideia de sexualidade no século XIX, de volta à história do desejo sexual, depois às maneiras como a atividade sexual fora governada pelos códigos morais no Ocidente, e por fim às maneiras como os indivíduos se autodeterminavam ao aceitar, rejeitar, reinterpretar, modificar e transmitir os códigos morais. A partir do estudo da disciplina e da punição impostas aos indivíduos, ele passara a enxergar a possibilidade de liberdade e resistência, no que obscuramente chamava de "hermenêutica do eu" e "estética da existência", que já haviam começado na antiguidade. Foucault nunca criticou nem desautorizou seus pontos de vista anteriores sobre a sufocante ubiquidade do poder e da disciplina sociais; mas agora reconhecia que,

136 A MENTE IMPRUDENTE

ante tais forças, os indivíduos ainda conseguem desenvolver-se como seres morais. A ética, afinal, era mesmo um tema real, embora ele a concebesse como uma atividade antes estética que racional.

Essa interpretação estética da moral remonta ao próprio Nietzsche, que declarava em *O nascimento da tragédia* que "só como fenômeno estético a existência e o mundo podem justificar-se eternamente". Entretanto, como nos ajuda a ver o livro de Miller, nos últimos anos de vida Foucault passou a sentir atração por dois ideais moral-estéticos diferentes. Em sua investigação, ele começara a refletir sobre a moderação que percebia no mundo helenístico, a ela se referindo como "cuidado com o eu" ou "economia do prazer". Mas na vida privada ele continuava obcecado com o perigo e o excesso sexual. Saber se Foucault sequer se dava conta de que suas "experiências-limite" ocorriam agora em meio a uma epidemia é uma questão em aberto, e Miller não tenta resolvê-la. Lembra-nos apenas que no início da década de 1980 foi muito demorada a compreensão geral sobre a aids. Ainda assim, os momentos mais assustadores do livro são aqueles em que Miller relata o profundo ceticismo de Foucault em relação às crescentes provas científicas. *"Je n'y crois pas"*, disse Foucault a um amigo em San Francisco, queixando-se de militantes gays que recorriam ao "poder" médico constituído em busca de ajuda. No outono de 1983, quando já caíra doente e menos de um ano antes de morrer, ele ainda era encontrado em saunas e bares. Achava graça quando se falava de "sexo seguro" e teria dito: "Morrer pelo amor dos rapazes: o que poderia ser mais belo?"

Miller toma declarações dessa natureza como expressões da atração de Foucault pelo suicídio, embora fosse mais plausível a interpretação de que sua desconfiança em relação aos "discursos" sobre a doença e ao "olhar" médico finalmente o tornara insensível a qualquer distinção entre um fato biológico e sua interpretação social. Se alguém acredita que todo "discurso" sobre a doença é construído por um poder social e que é possível inventar qualquer "contradiscurso" esteticamente, é fácil convencer-se de certa invencibilidade. Mas Foucault não era invencível. Miller considera meramente "irônico" que Foucault tenha morrido de aids sob cuidados médicos exatamente no hospital que havia estudado em *História da loucura na idade clássica*. E a palavra provavelmente terá de servir, pois não dispomos de um cognato adequado para o grego *hubris*.

Seria esta a moral visada pela vida e obra de Michel Foucault — a morte? A pergunta de Nietzsche ronda toda essa biografia, e Miller não se esquiva a ela, embora sua resposta — que havia "certa dignidade" na obsessão de Foucault com as "experiências-limite" — certamente seja questionável. Ainda assim, mesmo se aceitarmos a coerência entre sua vida e seu pensamento, devemos lembrar-nos constantemente de que sempre tiveram um objeto, e apenas um: Michel Foucault. Ainda hoje Foucault é lembrado por seus engajamentos políticos, e no mundo acadêmico muitos continuam a enxergar em sua obra um programa político coerente, engajado, progressista e — para empregar o termo para ele ofensivo — humanista. Mas sua vida e seus escritos mostram com uma clareza que não poderia ser maior o que acontece quando um pensador essencialmente privado, lutando com seus demônios internos e embriagado pelo exemplo de Nietzsche, projeta-os numa esfera política pela qual não tem verdadeiro interesse nem aceita real responsabilidade. Pode-se decidir acompanhar Foucault em sua jornada interna ou traçar a sua própria, mas é perigoso e absurdo pensar que tais exercícios espirituais seriam capazes de revelar algo sobre o mundo político que compartilhamos. Para entender esse mundo, seria necessário um tipo completamente diferente de autodisciplina.

Capítulo VI

Jacques Derrida

A HISTÓRIA DA filosofia francesa nas três décadas subsequentes à Segunda Guerra Mundial pode resumir-se numa frase: política ditada e filosofia escrita. Depois da Liberação, e graças, sobretudo, ao exemplo de Jean-Paul Sartre, o manto do intelectual *dreyfusard* passou do escritor ao filósofo, do qual agora se esperava que se manifestasse sobre os acontecimentos do dia. Com isso, tornaram-se menos distintas as fronteiras entre a pura investigação filosófica, a filosofia política e o engajamento político, distinções que só lentamente seriam restabelecidas na França. Como observou Vincent Descombes em seu breve e magnífico estudo sobre o período, *Modern French Philosophy* [Filosofia francesa moderna] (1980), "assumir uma posição política sempre foi e continua sendo o teste decisivo na França; é o que deveria revelar o supremo significado de uma filosofia". Paradoxalmente, a politização da filosofia também significou a quase extinção da filosofia política, entendida como uma reflexão disciplinada e informada sobre um terreno identificável chamado "política". Se tudo é político, então, rigorosamente, nada é. Não deixa de chamar a atenção que, no cenário do pós-guerra, a França só tenha produzido um autêntico pensador político digno de nota: Raymond Aron.

A relação dos filósofos franceses importantes que protegeram sua obra das paixões políticas do dia é pequena, embora contenha algumas figuras significativas. Pensamos no filósofo moral judeu Emmanuel Lévinas, no ensaísta misantropo E. M. Cioran e no pai da desconstrução, Jacques

Derrida. Esta afirmação a respeito de Derrida pode surpreender os leitores americanos, considerando-se o clima ideologicamente carregado no qual sua obra tem sido recebida do nosso lado do Atlântico, mas é verdadeira — ou pelo menos o era até recentemente. Ao contrário de tantos colegas na École Normale Supérieure na década de 1950, Derrida manteve distância do Partido Comunista Francês stalinizado, e mais tarde assumiu uma atitude de ceticismo em relação aos acontecimentos de maio de 1968 e à efêmera histeria em torno de Mao. Na década seguinte, quando Michel Foucault se tornava a grande esperança da esquerda pós-1968, Derrida frustrou todas as tentativas de identificar um programa político simples na desconstrução. Declarava-se de esquerda, mas se recusava a elaborar, deixando pensadores mais ortodoxos na dúvida sobre se a desconstrução refletia algo mais que um "pessimismo libertário", como acusaria certa vez o crítico marxista Terry Eagleton.

À medida que começava a decair na França da década de 1980, a estrela de Derrida ascendia no mundo de fala inglesa, onde voltaram a ser levantadas questões sobre seu engajamento político. Isso deve ter sido difícil para ele sob vários aspectos. O pensamento de Derrida é extremamente francês nos temas e na retórica, e difícil de entender fora do contexto de velhas querelas parisienses em torno dos legados do estruturalismo e do heideggerianismo. Nos Estados Unidos, todavia, suas ideias, introduzidas por meio da crítica literária, circulam agora no ambiente estranho do pós-modernismo acadêmico, que é uma constelação vagamente estruturada de disciplinas efêmeras como estudos culturais, estudos feministas, estudos gays e lésbicos, estudos científicos e teoria pós-colonial. O pós-modernismo acadêmico é o que pode haver de mais sincrético, o que torna difícil entendê-lo ou mesmo descrevê-lo. Toma conceitos de empréstimo livremente às obras (traduzidas) de Derrida, Michel Foucault, Gilles Deleuze, Jean-François Lyotard, Jean Baudrillard, Julia Kristeva — e, como se não bastasse, também busca inspiração em Walter Benjamin, Theodor Adorno e outras figuras da Escola de Frankfurt. Considerando-se a impossibilidade de impor qualquer ordem lógica a ideias tão dessemelhantes, o pós-modernismo é forte em matéria de postura e fraco no quesito conteúdo. O que aparentemente o mantém de pé é a convicção de que a promoção de pensadores tão diferentes de alguma forma contribui para uma finalidade comum de emancipação política, que permanece convenientemente mal definida.

Nos Estados Unidos, Derrida é considerado um clássico do cânone pós-moderno. Mas ainda em 1990 ele se recusava a explicar as implicações políticas da desconstrução. Eventualmente aparecia um livro alegando ter descodificado o segredo e descoberto afinidades ocultas entre a desconstrução e, por exemplo, o marxismo ou o feminismo. A Esfinge limitava-se a sorrir. Mas então, finalmente, Jacques Derrida falou — e como falou, publicando nada menos que seis livros sobre temas políticos ao longo da década de 1990. Alguns não passam de panfletos e entrevistas, mas três deles — um livro sobre Marx, um sobre a amizade e a política, e outro sobre direito — são tratados substanciais. Podemos apenas especular por que Derrida escolheu aquele momento especificamente para fazer sua estreia política. Suas ideias não podiam estar mais fora de época na França, e seus seis livros foram recebidos com perplexidade. Mas, dada a permanente influência do pós-modernismo nos Estados Unidos, onde Derrida passou a maior parte dos seus últimos anos ensinando, suas intervenções não poderiam ser mais oportunas. Fornecem-nos abundante material para reflexão sobre as verdadeiras implicações políticas da desconstrução e se os leitores americanos realmente as entenderam.

No dia 4 de novembro de 1956, ou aproximadamente, a natureza da filosofia francesa mudou. É pelo menos o que nos dizem os manuais. Na década que se seguiu à Liberação, a presença dominante na filosofia francesa era Jean-Paul Sartre e a questão dominante era o comunismo. *O ser e o nada* (1943) valera a Sartre a fama de existencialista durante a Ocupação, e sua famosa conferência de 1945, "O existencialismo é um humanismo", levou um assertivo humanismo ao conhecimento de amplo público na Europa no fim da guerra. Todavia, poucos anos depois de se ter pronunciado em favor de uma absoluta liberdade humana, Sartre tornou-se um obediente companheiro de viagem. Em seu famigerado panfleto "Os comunistas e a

144 A MENTE IMPRUDENTE

paz", que começou a ser publicado em capítulos em 1952, ele descartava relatos sobre o *gulag*, e após uma viagem à União Soviética em 1954 declarou numa entrevista que "a liberdade de criticar é total na URSS". Tendo um dia celebrado a capacidade ímpar de livre escolha do homem, Sartre anunciava uma década depois que o marxismo era o insuperável horizonte da nossa época.

Mas em 1956 (ao que se conta) o mito da União Soviética foi estilhaçado na França pelo discurso secreto de Kruschev na XX Conferência do Partido Comunista em Moscou, em fevereiro, e pela repressão da revolta húngara no outono do mesmo ano. Chegavam ao fim muitas ilusões: sobre Sartre, sobre o comunismo, sobre a história, sobre a filosofia e sobre a palavra "humanismo". Deu-se também uma ruptura entre a geração de pensadores franceses formados na década de 1930, que tinham assistido à guerra como adultos, e estudantes que se sentiam alheios a essas experiências e desejavam escapar do clima sufocante da Guerra Fria. Estes, assim, deram as costas ao engajamento político "existencial" recomendado por Sartre e se voltaram para uma nova ciência social chamada estruturalismo. E, depois dessa virada (ao que se conta, para terminar), haveria de se desenvolver uma nova abordagem da filosofia, da qual Michel Foucault e Jacques Derrida são talvez os representantes mais eminentes.

O problema com essa história de manual é superdimensionar o grau em que os intelectuais franceses de fato se desvencilharam de suas ilusões comunistas em 1956. Onde ela acerta é no papel do estruturalismo em alterar os termos em que as questões políticas eram em geral discutidas. Estruturalismo foi uma palavra cunhada pelo antropólogo Claude Lévi-Strauss para designar um método de aplicação de modelos de estrutura linguística ao estudo de uma sociedade como um todo, particularmente em se tratando de costumes e mitos. Embora Lévi-Strauss se dissesse inspirado em Marx, ele interpretava o marxismo como uma ciência da sociedade, e não como um guia de ação política.

O humanismo marxista e engajado de Sartre repousava em três pressupostos básicos: os movimentos da história podem ser entendidos racio-

JACQUES DERRIDA

nalmente; são determinados por relações de classe; e a responsabilidade do indivíduo era promover a emancipação humana apoiando as forças de classe progressistas. Lévi-Strauss extraiu dois princípios muito diferentes da leitura de Marx à luz da tradição sociológica francesa (especialmente as obras de Émile Durkheim) e de seu próprio trabalho de campo antropológico. Eram eles: as sociedades são estruturas de relações relativamente estáveis entre seus elementos, que se desenvolvem sem qualquer padrão histórico racional, e as classes não têm qualquer status especial entre elas. Quanto às responsabilidades existenciais do homem, Lévi-Strauss nada tinha a dizer. Era um silêncio provocador. Pois, se as sociedades eram estruturas essencialmente estáveis sujeitas a metamorfoses imprevisíveis, pouco espaço restava para o homem moldar seu futuro político por meio da ação. Na verdade, o homem nem parecia estar em questão. Como diz o próprio Lévi-Strauss em sua obra-prima *Tristes trópicos* (1955), "o mundo começou sem a raça humana, e acabará sem ela".

Hoje é algo difícil entender como essa doutrina austera pode ter atraído jovens em pleno clima da guerra fria na década de 1950. Já ajuda dar-se conta de quão profundamente Lévi-Strauss estava atacando o mito definidor da moderna política francesa. Desde a Terceira República, desenvolvera-se na França um duvidoso consenso político segundo o qual a Declaração dos Direitos do Homem pronunciada em 1789 refletia verdades universais sobre a condição humana, que a França fora incumbida de promulgar para o mundo. Depois de duas guerras mundiais, da Ocupação e de Vichy, esse mito do universalismo num país veio a parecer absurdo para muitos jovens franceses. O estruturalismo de Lévi-Strauss lançava dúvida sobre a universalidade de quaisquer direitos ou valores políticos, além de levantar suspeitas sobre o "homem" que os invocava. Não seriam esses conceitos simplesmente uma fachada para o etnocentrismo, o colonialismo e o genocídio promovidos pelo Ocidente, como acusava Lévi-Strauss? E o marxismo de Sartre acaso não estaria poluído pelas mesmas ideias? O marxismo falava do lugar de cada nação no desdobramento geral da história; o estruturalismo falava de cada cultura como algo autônomo. O marxismo pregava a revolução e a libertação

146   A MENTE IMPRUDENTE

para todos os povos; o estruturalismo falava de diferença cultural e da necessidade de respeitá-la. Na Paris do fim da década de 1950, o tranquilo estruturalismo de Lévi-Strauss parecia ao mesmo tempo mais radicalmente democrático e menos ingênuo que o humanismo engajado de Sartre.

Além disso, a preocupação do estruturalismo com a "diferença" e o "outro" também teve forte efeito político na década da descolonização e da guerra da Argélia. Todas as principais obras de Lévi-Strauss foram publicadas durante o desmoronamento do império colonial francês, tendo contribuído enormemente para a maneira como foi entendido pelos intelectuais. Sartre estava muito engajado na política anticolonial e via nas revoluções do terceiro mundo o surgimento de um "novo homem", segundo disse em seu apaixonado prefácio a *Os condenados da terra* (1961), de Frantz Fanon. Lévi-Strauss não se envolvia em polêmicas a respeito da descolonização ou da guerra da Argélia. Mas seus elegantes escritos operaram uma transformação estética dos leitores, sutilmente levados a sentir vergonha de ser europeus. Valendo-se dos dons retóricos aprendidos com Rousseau, ele falava da beleza, da dignidade e da irredutível estranheza das culturas do terceiro mundo que simplesmente tentavam preservar sua diferença. E, embora talvez não fosse a intenção de Lévi-Strauss, seus escritos logo alimentariam na Nova Esquerda que surgiu na década de 1960 a desconfiança de que todas as ideias universais para as quais a Europa reivindicava lealdade — razão, ciência, progresso, democracia liberal — eram armas culturalmente específicas destinadas a privar o outro não europeu da sua diferença.

Como demonstra François Dosse em seu útil estudo sobre o estruturalismo, o movimento teve um impacto duradouro no pensamento e na política intelectuais franceses, embora suas doutrinas logo viessem a ser mal interpretadas e aplicadas de maneira equivocada na geração seguinte.[1] Para Lévi-

---

[1] François Dosse, *History of Structuralism*, dois volumes (University of Minnesota Press, 1997). Em inglês, essa geração seguinte costuma ser chamada de "pós-estruturalista" para frisar o rompimento com o programa científico original do estruturalismo. Mas a expressão não é usada em francês, e Dosse utiliza "estruturalismo" para se referir a todo o movimento. Adoto aqui a sua solução.

-Strauss, o estruturalismo era um método científico de estudo das diferenças entre culturas, na esperança de um dia alcançar uma compreensão mais autenticamente universal da natureza humana. Para os terceiro-mundistas que inspirou, e que se radicalizaram com a guerra da Argélia, esse relativismo científico degenerou em apenas mais um primitivismo que neutralizava quaisquer críticas de abusos em culturas estrangeiras. (Para não falar dos crimes do totalitarismo comunista, que agora podiam ser desculpados em termos culturalistas, e não stalinistas.) No decorrer da década de 1960, os filhos do estruturalismo vieram a esquecer o ceticismo de Lévi-Strauss em relação ao mito revolucionário francês e começaram a promover o Outro como um *sans culottes* honorário. Tudo que fosse marginal nas sociedades ocidentais podia agora ser justificado e até celebrado filosoficamente. Alguns seguiram Michel Foucault no empenho de apresentar o desenvolvimento da civilização europeia como um processo de marginalização dos desajustados internos — os doentes mentais, os dissidentes sexuais e políticos —, que foram etiquetados e mantidos sob vigilância graças à cooperação entre o "poder" social e o "conhecimento". Outros se voltaram para a psicologia, buscando o Outro reprimido na libido ou no inconsciente.

Em meados da década de 1970, a ideia estruturalista decaíra de um método científico informado pelo pessimismo político e cultural para uma antiteologia da libertação celebrando a diferença onde quer que se manifestasse. Em certo sentido, portanto, pouco mudara desde 1956. Os intelectuais franceses ainda se enxergavam pelo modelo *dreyfusard*, e os filósofos continuaram a escrever manifestos políticos velados. Mas a experiência estruturalista alterara os termos em que o engajamento político era concebido filosoficamente. Não era mais possível recorrer a um relato racional da história, como fizera Sartre, para justificar a ação política. Sequer estava claro que fosse possível recorrer à razão, já que a língua e a estrutura social tinham tão grande ascendência. Nem mesmo se podia falar do homem sem usar aspas. O "homem" agora era considerado um terreno, um ponto aonde convergiam várias forças sociais, culturais, econômicas, linguísticas e psicológicas. Como disse Michel Foucault na última frase de

As palavras e as coisas (1966), o homem era uma invenção recente que logo desapareceria, como um rosto desenhado na areia.

Certamente não era o que Lévi-Strauss tinha em mente ao falar da criação sobrevivendo ao homem, mas a sorte estava lançada. O que esse anti-humanismo radical significaria para a política não estava completamente claro. Pois, se o "homem" era integralmente uma construção da linguagem e das forças sociais, como haveria o *homo politicus* de deliberar sobre seus atos e justificá-los? O que quer que se pensasse do engajamento político de Sartre, ele tinha uma resposta a essa pergunta. Os estruturalistas, não.

François Dosse refere-se à doutrina da desconstrução de Jacques Derrida como um "ultraestruturalismo". O que é exato, mas não conta a história toda. Pelo menos na França, a novidade da desconstrução na década 1960 era ter tratado dos temas do estruturalismo — a diferença, o Outro — com os conceitos e categorias filosóficos de Martin Heidegger. Os primeiros escritos de Derrida reviveram uma *querelle* em torno da natureza do humanismo, que opusera Heidegger a Sartre no fim da década de 1940 e tinha muitas implicações políticas. Derrida alinhou-se com Heidegger, criticando-o apenas por não ter ido mais longe. E é a essa decisão em favor de Heidegger que remontam todos os problemas políticos da desconstrução.

A disputa Sartre-Heidegger seguiu-se à conferência de Sartre em 1945 sobre o humanismo, vista por Heidegger como uma caricatura de sua própria posição intelectual. Sartre se apropriara da linguagem heideggeriana sobre ansiedade, autenticidade, existência e resolução para sustentar a tese de que, nas palavras de Francis Ponge, "o homem é o futuro do homem" — ou seja, o autodesenvolvimento autônomo do homem deve tomar o lugar dos fins transcendentes como o objetivo de toda a nossa busca. Numa longa e justificadamente famosa "Carta sobre o Humanismo" (1946), Heidegger respondeu que seu objetivo sempre fora questionar o conceito de homem e talvez libertar-nos dele. Desde Platão, escreveu, a filosofia ocidental lançara mão de pressupostos metafísicos não verificados sobre a essência do homem, os quais encobriam a questão fundamental do Ser, situando o próprio homem no centro da criação. Todos os flagelos da vida moderna — a ciência, a tecnologia, o capitalismo, o comunismo — poderiam ter sua origem identificada nessa "antropologização" original do Ser. Era um pesado fardo, que só poderia ser levantado pelo desmantelamento (*Destruktion*) da tradição metafísica. Só então saberia o homem que não é o senhor, mas o "pastor" do Ser.

A desconstrução foi concebida no espírito da *Destruktion* de Heidegger, embora Derrida não tivesse intenção de tornar o homem pastor de nada. Numa notável conferência de 1968, "Os fins do homem", Derrida assinalou que, ao ungir o homem como "pastor do Ser", Heidegger retornara ao humanismo "como por atração magnética". Disse então que a tradição metafísica só poderia ser realmente superada se a própria linguagem da filosofia fosse "desconstruída", uma linguagem em que o próprio Heidegger estava emaranhado. Na raiz da tradição metafísica estava um ingênuo conceito de língua como meio transparente, um "logocentrismo", como o chamou Derrida. O termo grego *logos* significa palavra ou língua, mas também pode significar razão ou princípio — um equacionamento da fala com a intencionalidade que Derrida considerava altamente questionável. O que era necessário era um radical "descentramento" das hierarquias implícitas embutidas nessa linguagem, que nos estimulam a situar a fala acima da escrita, o autor acima do leitor ou o significado acima do significante. Desse modo, a desconstrução era apresentada como prolegômenos — ou talvez até um substituto — à filosofia tal como tradicionalmente entendida. Seria uma atividade que permite que as aporias ou paradoxos embutidos em todo texto filosófico viessem à luz sem lhes impor uma coerência "violenta". O fim do logocentrismo significaria então o fim de todos os outros perversos "centrismos": androcentrismo, falocentrismo, falologocentrismo, carnofalologocentrismo e assim por diante. (Todos esses termos aparecem nos livros de Derrida.)

Como manifestação de perspicácia *normalienne*, o ataque de Derrida a seus antepassados intelectuais dificilmente poderia ser superado. Ele acusou tanto os estruturalistas quanto Heidegger de não terem levado adiante suas próprias intuições fundamentais. Os estruturalistas desestabilizaram nossa

150 A MENTE IMPRUDENTE

imagem do homem, situando-o numa rede de relações sociais e linguísticas, para em seguida presumir que essa rede de relações — estruturas — tinha um centro estável. A cegueira de Heidegger à sua própria linguagem levou da *Destruktion* da metafísica à promoção do homem como "pastor do Ser". A contribuição de Derrida, se assim podemos chamá-la, foi ter visto que, levando adiante o anti-humanismo latente nessas duas tradições intelectuais, poderia fazê-las parecer maneiras compatíveis de tratar o logocentrismo.

Feito isso, contudo, Derrida viu-se obrigado a seguir os princípios linguísticos que descobrira em sua campanha contra o logocentrismo, especialmente a severa doutrina de que, como todos os textos contêm ambiguidades e podem ser lidos de diferentes maneiras (*la différence*), a interpretação exaustiva terá de ser para sempre adiada (*la différance*). O que levantava uma questão óbvia: Como então haveremos de entender as propostas da própria desconstrução? Como assinalou mais de um crítico, existe um paradoxo insolúvel no emprego da linguagem para afirmar que a linguagem não pode ser usada para fazer afirmações inequívocas. Para Derrida, superar paradoxos tão evidentes não tem o menor interesse. Como explicou reiteradas vezes, ele entende a desconstrução menos como uma doutrina filosófica que como uma "prática" destinada a lançar suspeita sobre toda a tradição filosófica e privá-la de autoconfiança.

Quem um dia o viu pronunciar uma de suas conferências em francês sabe que ele é mais um artista da performance que um lógico. Seu estilo exuberante — recorrendo à livre associação, a rimas e quase rimas, trocadilhos e digressões de tirar do sério — não é mera pose (embora certamente o seja também). Reflete o que ele chama de uma ostensiva "estratégia acomunicativa" para combater o logocentrismo. Como explica ele próprio na entrevista publicada em *Moscou aller-retour*:

> O que eu tento fazer pela neutralização da comunicação, das teses e da estabilidade do conteúdo, por uma microestrutura de significação, é provocar, não só no leitor, mas em si mesmo, um novo tremor ou um novo choque do corpo que abra um novo espaço para a experiência.

JACQUES DERRIDA

Isso pode explicar a reação de não poucos leitores quando dizem que, no fim das contas, não se entende nada, não se pode tirar nenhuma conclusão, é sofisticado demais, não sabemos se você é contra ou a favor de Nietzsche, como se posiciona na questão feminina [...][2]

Também poderia explicar a reação dos leitores que desconfiam de que a neutralização da comunicação significa a neutralização de todos os padrões de avaliação — lógicos, científicos, estéticos, morais, políticos —, deixando esses campos do conhecimento abertos aos ventos da força e do capricho. Derrida sempre descartou tais preocupações como infantis, e no clima dos anos 1960 e 1970 poucas perguntas foram feitas. Mas a década de 1980 foi um período difícil para a desconstrução. Em 1987, um escritor chileno chamado Victor Farías publicou um livro superficial sobre o envolvimento de Martin Heidegger com os nazistas e suas supostas raízes em sua filosofia. Embora o livro não contivesse grandes revelações, considerou-se na França e na Alemanha que confirmava a suspeita de que, na medida em que era heideggeriana, a filosofia nas décadas de 1960 e 1970 era politicamente irresponsável. Jacques Derrida rejeitou terminantemente essas associações.[3]

Mas no mesmo ano também se revelou que o falecido professor Paul de Man, de Yale, grande defensor da desconstrução e amigo de Derrida, tinha publicado artigos colaboracionistas e antissemitas em dois jornais belgas no início da década de 1940. Os artigos poderiam ter passado por meros erros de juventude se Derrida e seus seguidores americanos não tivessem tentado passar a borracha com uma interpretação dos trechos ofensivos, negando seu evidente significado e dando a impressão de que a desconstrução significa que nunca é preciso pedir desculpas.[4] Agora parecia que a desconstrução

---

[2] *Moscou aller-retour* (La Tour d'Aigues: Éditions de l'Aube, 1995), p. 146.
[3] Ver Thomas Sheehan, "A Normal Nazi", *The New York Review of Books*, 14 de janeiro de 1993, além de cartas de Derrida, Richard Wolin e outros em *The New York Review of Books*, 11 de fevereiro, 4 de março e 25 de março de 1993.
[4] Para relato completo, com referências, ver Louis Menand, "The Politics of Deconstruction", *The New York Review of Books*, 21 de novembro de 1991.

152 A MENTE IMPRUDENTE

tinha, na melhor das hipóteses, um problema de relações públicas, e que as questões políticas que tão alegremente deixava em suspenso teriam de ser respondidas.

Mas como seria possível? As radicais interpretações do estruturalismo e do heideggerianismo por parte de Derrida tinham tornado inútil o vocabulário tradicional da política, e não havia o que pôr em seu lugar. Os temas contemplados na filosofia política tradicional — os seres humanos individuais e as nações — foram declarados artifícios de linguagem e, além do mais, perigosos. O objeto da filosofia política — terreno distinto da ação política — era considerado parte de um sistema geral de relações que por sua vez não tinha um centro. Quanto ao método da filosofia política — a investigação racional com uma finalidade prática —, Derrida conseguira lançar suspeita sobre o seu logocentrismo. Desse modo, uma desconstrução intelectualmente coerente parecia acarretar silêncio sobre questões políticas. Ora, se o silêncio se revelasse insuportável, exigiria pelo menos uma séria reconsideração dos dogmas anti-humanistas das tradições estruturalista e heideggeriana. Devemos reconhecer a Michel Foucault o mérito de ter dado início a essa reconsideração na década anterior à sua morte. Jacques Derrida nunca o fez.

O máximo que poderemos descobrir sobre a compreensão de relações estritamente políticas em Derrida encontra-se em *Políticas da amizade* — o único dos seus livros com a palavra "política" no título.[5] Ele se baseia num seminário dado em Paris em 1988–1989, no exato momento em que a Europa era abalada em seus alicerces pelo rápido colapso do bloco oriental. Por coincidência, assisti a esse seminário e, como a maioria dos participantes com quem conversei, tive dificuldade de entender o que Derrida pretendia. Cada sessão começava com a mesma citação de Montaigne — *"O mes amis, il n'y a nul ami"* ("Ó meus amigos, não há amigo algum") — e depois desviava para uma discussão divagante sobre suas possíveis origens e significados. O texto publicado foi muito trabalhado, oferecendo uma imagem mais clara do que Derrida tinha em mente.

---

[5] *Politics of Friendship* (Verso, 1997).

Seu objetivo é mostrar que toda a tradição ocidental do pensamento sobre a política foi distorcida pelo *peccatum originarium* da nossa filosofia, o conceito de identidade. Como nossa tradição metafísica ensina que o homem é idêntico a si mesmo, uma personalidade coerente livre de diferenças internas, fomos estimulados a buscar nossa identidade por meio da vinculação a grupos indiferenciados e homogeneizadores, como a família, as amizades, as classes e as nações. De Aristóteles à Revolução Francesa, assim, considerou-se que a boa república exigia *fraternité*, idealizada como um vínculo sanguíneo natural que de alguma forma torna indivíduos separados em um só. Mas não existe essa coisa de fraternidade natural, afirma Derrida, da mesma maneira que não existe maternidade natural [*sic*]. Todas essas categorias naturais, assim como os conceitos derivados de comunidade, cultura, nação e fronteiras, dependem de linguagem e, portanto, são convenções. O problema com essas convenções não é apenas encobrir diferenças no interior de entidades supostamente idênticas. O problema é que também estabelecem hierarquias entre elas: entre irmãos e irmãs, cidadãos e estrangeiros, e eventualmente amigos e inimigos. Nos capítulos mais bem fundamentados, Derrida examina a concepção de política em Carl Schmitt, que apresenta a relação política como essencialmente hostil entre amigos e inimigos. Derrida não vê Schmitt como um mero apologista do nazismo com sede de conflito, mas como um profundo pensador que tornou explícitos os pressupostos implícitos de toda a filosofia política ocidental.

Deste ponto de vista, ficaria parecendo que todas as ideologias políticas ocidentais — fascismo, conservadorismo, liberalismo, socialismo, comunismo — são igualmente inaceitáveis. Essa é a implicação lógica do ataque de Derrida ao logocentrismo, e por vezes ele parece aceitá-la. Em *Espectros de Marx* e *The Other Heading*, ele denuncia o novo consenso liberal que considera ter governado o Ocidente desde 1989, investindo histericamente, e sem nenhuma originalidade, contra a "Nova Internacional" do capitalismo global e dos conglomerados de mídia que estabeleceram uma hegemonia mundial por meio de uma "inédita forma de guerra".[6] Mostra-se menos crítico do marxismo (por razões que examinaremos), embora de fato considere que o comunismo tornou-se totalitário ao tentar concretizar o programa escatológico exposto pelo próprio Marx. O problema de Marx foi não ter levado até o fim sua própria crítica da ideologia, mantendo-se na tradição logocêntrica. É o que explica o *gulag*, os genocídios e o terror promovidos em seu nome pela União Soviética. "Se tivesse tempo", diz Derrida a seus entrevistadores russos certamente estupefatos em *Moscou aller-retour*, "eu poderia demonstrar que Stalin era 'logocêntrico'", reconhecendo, contudo, que "isto exigiria longos desdobramentos".

E provavelmente exigiria mesmo. Pois seria mostrar que a real origem da tirania não está nos tiranos, nem nas armas ou na iniquidade das instituições. A tirania começa na *linguagem* da tirania, que em última análise deriva da filosofia. Se ela fosse transformada, ou "neutralizada", como diz ele em *Políticas da amizade*, nossa política também acabaria sendo. Ele se revela extremamente aberto quanto ao que isso poderia acarretar. Pergunta retoricamente se "ainda faria sentido falar de democracia quando não se falasse mais de país, nação, nem mesmo Estado ou cidadão". E também se pergunta se o abandono do humanismo ocidental significaria que os conceitos de direitos humanos, humanitarismo e até crimes contra a humanidade teriam de ser renegados.

Mas então o que resta? Se a desconstrução lança dúvida sobre cada princípio político da tradição filosófica ocidental — Derrida menciona a propriedade, a intencionalidade, a vontade, a liberdade, a consciência, a autoconsciência, o sujeito, o self, a pessoa e a comunidade —, ainda serão possíveis os julgamentos sobre questões políticas? Ainda será possível distinguir o certo do errado, a justiça da injustiça? Ou tais expressões também estariam tão contaminadas pelo logocentrismo que devem ser abandonadas? Será possível mesmo que a

---

[6] *Specters of Marx: The State of the Debt, the Work of Mourning, and the New International* (Routledge, 1994); *The Other Heading: Reflections on Today's Europe* (Indiana University Press, 1992).

desconstrução nos condene ao silêncio sobre as questões políticas, ou poderia encontrar um escape linguístico da armadilha da linguagem?

É compreensível que os leitores das primeiras obras de Derrida presumam acreditar ele que não há escapatória da linguagem, nem, portanto, da desconstrução de qualquer dos nossos conceitos. Seu grande feito, afinal, foi ter estabelecido esta dura verdade, a única que ele não questionou. Mas na década de 1990 Jacques Derrida mudou de ideia, e de uma maneira muito relevante. Acontece que existe um conceito — embora apenas um — suficientemente impermeável para resistir aos ácidos da desconstrução, e esse conceito é a "justiça".

No outono de 1989, Derrida foi convidado a falar num simpósio em Nova York sobre o tema "desconstrução e a possibilidade de justiça". Sua palestra foi ampliada numa edição francesa e publicada junto com um ensaio sobre Walter Benjamin.[7] Nela, Derrida pretende demonstrar que, embora a desconstrução possa e deva ser aplicada ao direito, não deve nem pode ser tida como solapando o conceito de justiça. Na sua visão, o problema com o direito é que ele se alicerça e é promulgado com base na autoridade, e, portanto, acrescenta ele (com característico exagero), depende da violência. O direito é afetado por forças econômicas e políticas, é alterado por cálculo e acomodação, diferindo, portanto, de lugar para lugar. O direito consta de textos e deve ser interpretado, o que complica ainda mais as coisas.

Naturalmente, nada disso é novidade. Toda a nossa tradição de pensamento sobre o direito, começando pela filosofia grega e evoluindo pelo direito romano, pelo direito canônico e pelo moderno constitucionalismo, baseia-se no reconhecimento de que as leis são um mecanismo convencional. A única questão controvertida é saber se existe uma lei mais alta, ou direito, pela qual as leis convencionais das nações possam ser julgadas, e, caso exista, se está assentada na natureza, na razão ou na revelação. Essa distinção entre lei e direito é a base da jurisprudência europeia continental, que diferencia cuidadosamente entre *loi/droit*, *Gesetz/Recht*, *legge/diritto*, e assim por diante. Derrida funde

---

[7] *Force de loi* (Paris: Éditions Galilée,1994). A palestra original foi incluída em Drucilla Cornell et al., editores, *Deconstruction and the Possibility of Justice* (Routledge, 1992).

156 A MENTE IMPRUDENTE

loi e *droit* pelo simples motivo de que não reconhece a natureza nem a razão como padrões do que quer que seja. Na sua visão, ambas estão aprisionadas nas estruturas da língua, podendo, portanto, ser desconstruídas.

Agora, contudo, ele também pretende afirmar que existe um conceito chamado justiça, que fica "fora e além da lei". Mas, como essa justiça não pode ser entendida por meio da natureza nem da razão, resta apenas um meio de acesso ao seu significado: a revelação. Derrida evita cuidadosamente esta palavra, mas é dela que está falando. Em *Força da lei*, ele fala de uma "ideia de justiça" como "uma experiência do impossível", algo que existe além de toda experiência e, portanto, não pode ser articulado. E o que não pode ser articulado não pode ser desconstruído; só de um modo místico pode ser objeto de experiência. Eis como ele expõe a questão:

> Se existe desconstrução de todo pressuposto determinante de uma justiça presente, ela opera a partir de uma infinita "ideia de justiça", infinitamente irredutível. Ela é irredutível porque se deve ao outro — e se deve ao outro antes de qualquer contrato, pois essa ideia chegou, a chegada do outro como singularidade sempre outra. Invencível a todo ceticismo [...] essa "ideia de justiça" aparece como indestrutível. [...] Podemos reconhecer, e até acusá-la de loucura. E talvez algum outro tipo de misticismo. A desconstrução é louca por essa justiça, louca de desejo de justiça.

Ou, ainda, em *Espectros de Marx*:

> O que se mantém irredutível a qualquer desconstrução, o que se mantém indesconstrutível como a própria possibilidade de desconstrução é talvez certa experiência da promessa emancipadora; e talvez seja até a formalidade de um messianismo estrutural, um messianismo sem religião, e mesmo um messiânico sem messianismo, uma ideia de justiça — que distinguimos da lei ou do direito e até dos direitos humanos — e uma ideia de democracia que distinguimos de seu atual conceito e de seus predicados hoje determinados.

Não existe justiça presente em lugar algum do mundo. Mas existe, no dizer de Derrida, uma "infinita ideia de justiça", embora ela não possa penetrar nem penetre o nosso mundo. No entanto, essa necessária ausência de justiça não nos desobriga de esperar sua chegada, pois o Messias pode chegar a qualquer momento, por qualquer portão da cidade. Devemos, portanto, aprender a esperar, a adiar a gratificação do nosso desejo de justiça. E que melhor treinamento em matéria de adiamento que a desconstrução? Se a desconstrução questiona a pretensão de qualquer lei ou instituição de encarnar a justiça absoluta, ela o faz exatamente em nome da justiça — uma justiça que se recusa a nomear ou definir, uma infinita justiça "que pode assumir um aspecto 'místico'". O que nos leva, sem a menor surpresa, à conclusão de que *"a desconstrução é justiça"*.

Sócrates equiparava a justiça à filosofia, sob a alegação de que só a filosofia poderia ver as coisas como realmente são, e assim julgar verdadeiramente. Jacques Derrida, convocando toda a arrogância à sua disposição, equipara a justiça à desconstrução, sob a alegação de que só a desagregação do discurso racional sobre a justiça preparará o advento da justiça como Messias.

Até que ponto devemos levar tudo isto a sério? Como sempre com Derrida, é difícil saber. Em livros recentes, ele toma livremente de empréstimo aos escritos messiânicos modernos de Emmanuel Lévinas e Walter Benjamin. Mas, o que quer que achemos desses dois pensadores, o fato é que tinham demasiado respeito por conceitos teológicos como promessa, pacto, Messias e antecipação para fazer uso descuidado dessas palavras. O recurso a elas por parte de Derrida nesses novos escritos políticos traz todas as marcas do desespero intelectual. Com toda evidência, ele quer que a desconstrução sirva a algum programa político, dando esperança à desalentada esquerda. Também quer desfazer a impressão de que seu próprio pensamento, como o de Heidegger, leva inevitavelmente a uma cega "determinação", a uma afirmação da vontade que poderia assumir qualquer forma política. Como ele próprio observou há não muito tempo, "minha esperança como homem de esquerda é que certos elementos da desconstrução tenham servido ou — já que a luta prossegue, especial-

158 A MENTE IMPRUDENTE

mente nos Estados Unidos — *venham* a servir para politizar e repolitizar a esquerda em relação a posições que não são simplesmente acadêmicas".[8] Mas a lógica dos seus próprios argumentos filosóficos, tal como se apresentam, revela-se mais forte que Derrida. Ele simplesmente não encontra uma maneira de especificar a natureza da justiça a ser buscada por meio da política de esquerda sem se expor àquela mesma desconstrução que tão alegremente aplica aos outros. A menos, naturalmente, que situe a "ideia de justiça" no eterno e messiânico além, onde não possa ser alcançada pelos argumentos, partindo do pressuposto de que seus leitores ideologicamente afins não farão perguntas demais.

Mas a política de esquerda, não menos que a de direita, não é uma questão de expectativa passiva. Ela contempla a ação. E, se a ideia de justiça não pode ser articulada, tampouco pode fornecer um objetivo para a ação política. Segundo a argumentação de Derrida, só o que resta para nos orientar é a decisão, pura e simples: uma decisão por justiça ou democracia, e por um entendimento específico de ambas. Derrida deposita enorme confiança na boa vontade ou nos prejulgamentos ideológicos de seus leitores, pois não pode dizer-lhes por que escolhe a justiça em detrimento da injustiça, ou a democracia em detrimento da tirania, mas apenas que o faz. Nem pode oferecer ao não comprometido motivos para pensar que a esquerda tenha um monopólio do correto entendimento dessas ideias. Pode apenas oferecer impressões, como no breve texto autobiográfico que incluiu em *Moscou aller-retour*, no qual confessa que ainda fica embargado de emoção quando ouve a *Internacional*.

Esta nota nostálgica é ferida reiteradas vezes em *Espectros de Marx* e *Moscou aller-retour*, que merecem um lugar permanente no superlotado panteão da apologética marxista bizarra. Neste último livro, Derrida declara que "a desconstrução nunca teve significado nem interesse, pelo menos aos meus olhos, senão como radicalização, vale dizer, também *no interior da tradição*

---

[8] "Remarks on Deconstruction and Pragmatism", in Chantal Mouffe, editora, *Deconstruction and Pragmatism* (Routledge, 1996), pp. 77–86.

JACQUES DERRIDA 159

de certo marxismo, num certo *espírito do marxismo*". Não, é claro, que ele queira defender qualquer coisa que o próprio Marx de fato tenha escrito ou acreditado. Ele declara que a economia de Marx é bobagem e que sua filosofia da história é um perigoso mito. Mas nada disto vem ao caso. O "espírito" do marxismo deu origem a um grande legado de anseio messiânico e por este motivo merece respeito. Em certo sentido, na verdade, todos nós hoje somos marxistas, simplesmente porque, bem, porque o marxismo aconteceu:

> Queiram ou saibam ou não, todos os homens e mulheres de todo o planeta em certa medida são hoje herdeiros de Marx e do marxismo. Ou seja, como dizíamos há pouco, são herdeiros da absoluta singularidade de um projeto — ou de uma promessa — que tem uma forma filosófica e científica. Essa forma é, em princípio, não religiosa, no sentido de uma religião positiva; ela não é mitológica; portanto, não é nacional — pois, além até mesmo de uma aliança com um povo escolhido, não existe nacionalidade ou nacionalismo que não seja religioso ou mitológico, digamos, "místico", no sentido amplo. A forma dessa promessa ou desse projeto é absolutamente única. [...]
>
> O que quer que se pense desse evento, do fracasso às vezes aterrorizante daquilo que então foi iniciado, dos desastres tecnoeconômicos ou ecológicos e das perversões totalitárias a que deu origem [...] o que quer que se pense também do trauma na memória humana que pode seguir-se, essa tentativa única ocorreu. Uma promessa messiânica, ainda que não seja cumprida, pelo menos na forma em que foi enunciada, ainda que se precipite em direção a um conteúdo ontológico, terá deixado uma marca inaugural e única na história. E, gostemos ou não, qualquer que seja a consciência que dela tenhamos, não podemos evitar ser seus herdeiros.

Com afirmações dessa natureza, Jacques Derrida arrisca-se a cobrir de vergonha a má-fé. A pura e simples verdade é que suas ideias nada têm a ver com Marx nem com o marxismo. Derrida é uma espécie de vago democrata de esquerda que valoriza a "diferença" e, como evidencia seu recente panfleto sobre o cosmopolitismo, quer ver a Europa tornar-se um lugar mais aberto e hospitaleiro, sobretudo para os imigrantes. Não são ideias realmente notáveis, nem chegam a ser insignificantes. Entretanto, como tantos na geração estruturalista, Derrida está convencido de que a única maneira de ampliar o alcance dos valores democráticos que ele próprio abraça é destruir a linguagem em que o Ocidente sempre os concebeu, na equivocada crença de que é a linguagem, e não a realidade, que torna nossas democracias imperfeitas. Só apagando o vocabulário do pensamento político ocidental podemos ter a expectativa de uma "repolitização" ou de um "novo conceito de política". Mas, uma vez chegados a esse ponto, o que descobrimos é que a democracia que queremos não pode ser descrita nem defendida; pode apenas ser tratada como um artigo de fé irracional, um sonho messiânico. Essa é a melancólica conclusão de *Políticas da amizade*:

> Pois a democracia está sempre por vir; é esta a sua essência na medida em que ela permanece: não só permanecerá indefinidamente perfectível, logo, sempre insuficiente e futura, como também, pertencendo ao tempo da promessa, permanecerá sempre, em cada um dos seus futuros tempos, por vir: mesmo quando há democracia, ela nunca existe.

As coisas mudaram em Paris. A época em que os intelectuais se voltavam para os filósofos em busca de orientação política, e o público se voltava para os intelectuais, está chegando ao fim. A figura do *philosophe engagé* promovida por Sartre foi terrivelmente maculada pelas experiências políticas das últimas décadas, começando com a publicação dos livros de Soljenitsin, depois os horrores do Camboja, a ascensão do Solidariedade e, por fim, os acontecimentos de 1989. Para o estruturalismo em todas as suas formas, foram as decepções do *tiers monde* que mais contribuíram para questionar o conceito dos filósofos de que as culturas são irredutivelmente diferentes e os homens, simplesmente produtos dessas culturas. Devemos dar a alguns dos intelectuais franceses que se tornaram estruturalistas na década 1950 o crédito de terem começado a ver que o vocabulário que outrora usavam para defender os povos coloniais frente à tirania ocidental passara a ser usado para desculpar crimes cometidos contra esses povos por tiranos pós-coloniais locais.

O abandono por parte deles do estruturalismo e da desconstrução não foi motivado filosoficamente, pelo menos no início; foi inspirado por repugnância moral. Mas essa repugnância teve o efeito higiênico de restabelecer as distinções entre filosofia pura e filosofia política, por um lado, e, por outro, engajamento. Existe hoje na França um renovado interesse em filosofia moral rigorosa, epistemologia, filosofia da mente e até mesmo ciência cognitiva. A tradição da filosofia política, antiga e moderna, também vem sendo estudada intensivamente pela primeira vez em muitos anos, e se verifica um original trabalho teórico por parte de pensadores políticos franceses mais jovens que já não se mostram desdenhosos dos políticos ou do Estado. Tudo isto poderia mudar amanhã mesmo, é claro. Mas é difícil imaginar os franceses entrando duas vezes no rio estruturalista.

O persistente fascínio americano com Derrida e a desconstrução nada tem a ver com sua atual posição na filosofia francesa, que na melhor das hipóteses pode ser considerada marginal. Isso levanta uma série de questões interessantes sobre como e por que sua obra foi recebida de braços abertos pelos pós-modernistas americanos e o que eles pensam que estão abraçando. Derrida é com frequência perguntado sobre seu sucesso americano e responde invariavelmente com o mesmo gracejo: *"La déconstruction, c'est l'Amérique."* Com isto aparentemente ele quer dizer que os Estados Unidos têm algo dos volteios descentrados e democráticos que tenta reproduzir em seu pensamento. Pode realmente ter levantado um ponto aqui, pois, se a desconstrução não for a América, ela certamente tornou-se um americanismo.

Quando os europeus do continente pensam em questões de diferença cultural e no outro, estão pensando em muitas coisas profundas e perturbadoras do seu próprio passado: colonialismo, nacionalismo, fascismo, o Holocausto. O que torna esses acontecimentos históricos tão difíceis de lidar para eles é o fato de não haver na Europa uma tradição intelectual liberal moderada na qual sejam contemplados, ou pelo menos não uma tradição vigorosa e contínua. A tradição filosófica do continente dificulta pensar, por exemplo, em tolerância, exceto nos termos iliberais da teoria romântica do espírito nacional de Herder, no rígido modelo francês de uniforme cidadania republicana e agora, por improvável que pareça, no idiossincrático messianismo da desconstrução de Jacques Derrida.

Quando os americanos pensam nessas questões de diferença cultural, sentem ao mesmo tempo orgulho e vergonha: orgulho da própria capacidade de absorver a imigração e vergonha do legado da escravidão, que manteve os americanos negros como uma casta à parte. O problema intelectual com que nos deparamos não é o de nos convencer de que a variedade cultural pode ser boa, ou de que as diferenças devem ser respeitadas, ou mesmo de que os princípios políticos liberais são basicamente sadios. Tudo isto absorvemos com razoável facilidade. O problema está em entender por que a promessa americana foi cumprida de maneira imperfeita, e como devemos reagir. A este respeito, com toda evidência estamos divididos. Mas o fato de certos grupos políticos, como os que afirmam representar as mulheres e os homossexuais, apresentarem sua emancipação moral como extensão lógica da emancipação social concedida aos imigrantes e prometida, mas nunca proporcionada, aos negros americanos diz muito acerca do consenso social existente em nosso país sobre como pensar e discutir essas questões.

À luz dessas experiências contrastantes, fica um pouco mais fácil entender por que o acerto político enfrentado pelo estruturalismo na França nas décadas de 1970 e 1980 não chegou a ocorrer nos Estados Unidos. A desilusão com as experiências pós-coloniais na África e na Ásia e o colapso dos regimes comunistas mais próximos geraram enorme insegurança na Europa em torno das ideias que reinavam no pós-guerra. Esses mesmos acontecimentos não tiveram um efeito apreciável na vida intelectual americana, pelo simples motivo de que não representam um desafio para a compreensão de nós mesmos. Quando os americanos leem hoje obras da tradição estruturalista, mesmo em sua mais radicalizada forma heideggeriana em desconstrução, acham difícil imaginar quaisquer implicações morais e políticas que viessem a ter. Aqueles que acreditam possível "inventar uma nova vida" não ficarão excessivamente preocupados com a sugestão de que toda verdade é socialmente construída, nem pensarão que aceitá-la signifique abrir mão de seus padrões morais. O fato de o anti-humanismo e a política da pura vontade latentes no estruturalismo e na desconstrução, para não falar das estranhas ressonâncias teológicas recentemente acrescidas por Derrida, serem filosófica e praticamente incompatíveis com os princípios liberais parece apenas um incômodo preconceito.

Não surpreende que um passeio pela seção pós-modernista de qualquer livraria americana seja uma experiência tão desconcertante. Os conceitos mais iliberais e anti-iluministas são lançados com um sorriso e a certeza de que, levados a suas últimas consequências lógicas, só poderão conduzir-nos à terra prometida da democracia, onde os filhos de Deus darão as mãos cantando o hino nacional. É uma visão exaltante, e os americanos acreditam na exaltação. O fato de tantos deles a terem encontrado nas obras sombrias e árduas de Jacques Derrida é um testemunho da força da autoconfiança dos americanos e de sua incrível capacidade de ter em boa conta qualquer um e qualquer ideia. Não é à toa que os franceses ainda nos chamam de *les grands enfants*.

Epílogo

A SEDUÇÃO DE SIRACUSA

Ao embarcar para Siracusa em aproximadamente 368 a.C., Platão não podia estar mais dubitativo, segundo seu próprio depoimento. Já visitara a cidade uma vez, quando ainda era governada pelo terrível tirano Dionísio, o Antigo, e a sensualidade da vida siciliana não o atraía. Como, perguntava-se ele, poderiam os jovens aprender a ser temperados e justos num lugar onde "se considerava que a felicidade consistia em comer à tripa forra duas vezes por dia e nunca dormir sozinho à noite"? Uma cidade assim jamais poderia escapar do infindável ciclo do despotismo e da revolução.

Por que então voltar? Na verdade, Platão tinha um discípulo na Sicília, cujo solo não era assim tão implacável quanto ele esperava. Um nobre chamado Díon, que na juventude se devotara a Platão e à causa da filosofia, acabara de lhe escrever uma carta informando que Dionísio, o Antigo, morrera e seu filho, Dionísio, o Jovem, assumira o comando. Díon era amigo e cunhado do jovem Dionísio e estava convencido de que o novo governante era um homem aberto à filosofia e desejava ser justo. Na visão de Díon, ele precisava apenas receber uma boa instrução, que devia sair da boca do próprio Platão. Implorou ao velho mestre que fizesse uma visita, e Platão, superando sérias dúvidas, acabou embarcando.

Reza um velho mito a respeito de Platão que ele defendia um absurdo esquema para instituir um governo dos "reis-filósofos" nas cidades gregas e que sua "aventura siciliana" teria sido um primeiro passo para a concretização desse objetivo. Quando Martin Heidegger voltou a ensinar em 1934,

168   A MENTE IMPRUDENTE

depois do vergonhoso mandato como reitor nazista da Universidade de Freiburg, um colega já então esquecido, querendo cobri-lo ainda mais de vergonha, gracejou: "De volta de Siracusa?" O chiste não poderia ser mais adequado. Mas os objetivos de Platão não poderiam ser mais diferentes dos de Heidegger. Como relata em sua *Sétima carta*, Platão sonhou em dado momento entrar para a política, mas ficou desalentado com o domínio tirânico dos Trinta em Atenas (404–403 a.C.). E desistiu da política de uma vez por todas quando o regime democrático que sucedeu aos Trinta mandou matar seu amigo e mestre Sócrates. Concluiu, como o personagem Sócrates conclui na *República* de Platão, que, uma vez se tendo um regime político corrompido, pouco se pode fazer para restabelecer sua saúde "sem amigos e aliados" — vale dizer, sem aqueles que são ao mesmo tempo amigos filosóficos da justiça e leais amigos da cidade. Na ausência de um milagre que transformasse os filósofos em reis ou fizesse os reis se voltarem para a filosofia, o máximo que se pode esperar na política é o estabelecimento de um governo moderado sob o estável império da lei.

Díon, contudo, era um sujeito entusiástico à procura de milagres. Convenceu-se, e tentou convencer Platão, de que Dionísio poderia ser essa raridade, um governante filosófico. Platão tinha suas dúvidas; embora confiasse no caráter de Díon, sabia que "os jovens muitas vezes são suscetíveis de cair presa de impulsos repentinos e não raro incoerentes". Mas ele também raciocinava — ou quem sabe racionalizava com seus botões — que, se não agarrasse aquela rara oportunidade e não se esforçasse por atrair um tirano para a justiça, poderia ser acusado de covardia e deslealdade à filosofia. E assim ele concordou em ir.

Mas o resultado dessa segunda visita não foi feliz. Ficou perfeitamente claro que Dionísio queria dotar-se de uma capa de cultura, mas carecia da disciplina e do compromisso necessários para se submeter à argumentação dialética e alinhar sua vida com as conclusões desse processo. (Platão o compara a um homem que quer tomar sol, mas só consegue se queimar.) Assim como um médico não pode curar um paciente contra a vontade deste, revelou-se impossível trazer o teimoso Dionísio à filosofia e à justiça.

A SEDUÇÃO DE SIRACUSA

Em suas conversas, Platão e Díon apelavam até para as ambições políticas do jovem tirano, dizendo que, como filósofo, ele aprenderia a dotar as cidades conquistadas de boas leis, assim conquistando também sua amizade, que poderia então explorar para ampliar ainda mais seu reino. Mas de nada adiantou. Dando ouvido a difamações, Dionísio passou a suspeitar Díon de alimentar ambições políticas próprias, e sumariamente o expulsou de Siracusa. Como não conseguisse promover a reconciliação entre os dois amigos, Platão decidiu partir.

No entanto, ele retornou seis ou sete anos depois, mais uma vez a pedido de Díon. Embora este ainda estivesse exilado, Díon ouvira dizer que Dionísio retomara o estudo da filosofia, disso informando Platão. Inicialmente, Platão não se deixou impressionar, sabendo que "a filosofia muitas vezes tem esse efeito sobre os jovens" e suspeitando de que Dionísio quisesse apenas abafar os comentários de que Platão o havia rejeitado como indigno. Entretanto, cedendo ao mesmo tipo de argumentação que o levara a fazer a segunda viagem, Platão decidiu fazer uma terceira, a última. O que encontrou ao chegar foi um homem ainda mais arrogante que já se considerava um filósofo e supostamente teria escrito um livro, o que o dialético Platão se recusava terminantemente a fazer. A causa estava perdida, mas Platão não culpou ninguém, senão a si mesmo: "Eu não tinha mais motivos de ficar indignado com Dionísio do que comigo mesmo e com aqueles que me obrigaram a vir." Díon não se mostrou tão confiante. Três anos depois da última partida de Platão, atacou Siracusa com mercenários e libertou a cidade, expulsando Dionísio, mas foi traído e assassinado três anos mais tarde. Após uma série de atos de violência, Dionísio acabou reassumindo o trono, para afinal ser deposto pelo exército de Corinto, a cidade-mãe de Siracusa. Dionísio sobreviveu e voltou a Corinto, onde se diz que terminou seus dias como diretor de uma escola, ensinando suas doutrinas.

Dionísio é nosso contemporâneo. Ao longo do último século, teve muitos nomes: Lenin e Stalin, Hitler e Mussolini, Mao e Ho Chi Minh, Castro e Trujillo, Amin e Bokassa, Saddam e Khomeini, Ceausescu e Milosevic — chega a faltar tinta na caneta. No século XIX, almas otimistas podiam acreditar que a tirania era coisa do passado. Afinal, a Europa tinha entrado na era moderna e todo mundo sabia que as complexas sociedades modernas, cultivando valores seculares democráticos, simplesmente não podiam ser governadas pelos velhos meios despóticos. As sociedades modernas ainda podiam ser autoritárias, com burocracias frias e cruéis realidades no trabalho, mas não podiam ser tiranias no sentido que Siracusa o era. A modernização tornaria obsoleto o conceito clássico de tirania, e, à medida que nações não europeias se modernizassem, elas também entrariam no futuro pós-tirânico. Hoje sabemos como isto estava errado. Os haréns e os provadores de comida de outros tempos de fato se foram, mas seu lugar foi tomado por ministros da propaganda e guardas revolucionários, barões das drogas e banqueiros suíços. O tirano sobreviveu.

O problema de Dionísio é velho como a criação. Já o dos seus partidários intelectuais é novo. Enquanto trazia ao mundo no século XX dois grandes sistemas tirânicos, o comunismo e o fascismo, a Europa também dava à luz um novo tipo social, para o qual precisamos de um nome novo: o intelectual filotirânico. Alguns poucos importantes pensadores do período cuja obra ainda hoje é significativa para nós ousaram servir ao moderno Dionísio abertamente em palavras e atos, e seus casos são deploráveis: Martin Heidegger e Carl Schmitt na Alemanha nazista, Georg Lukács na Hungria, talvez alguns outros. Muitos aderiram aos partidos fascistas ou comunistas de ambos os lados da Cortina de Ferro, fosse por afinidades eletivas ou ambição profissional, sem incorrer em grandes riscos; uns poucos brincaram de soldado por algum tempo nas selvas e desertos do terceiro mundo. Os peregrinos às novas Siracusas que estavam sendo construídas em Moscou, Berlim, Hanói e Havana foram em número surpreendente. Eles eram os *voyeurs* políticos que faziam turnês cuidadosamente coreografadas pelos domínios do tirano com as passagens de volta na mão, admirando as fazendas coletivas, as fábricas de tratores, as plantações de cana-de-açúcar, as escolas, mas dando um jeito de nunca visitar as prisões.

Contudo, sobretudo os intelectuais europeus ficaram sentados em suas escrivaninhas, visitando Siracusa apenas na imaginação, desenvolvendo ideias interessantes e às vezes brilhantes para explicar o sofrimento de povos cujos olhos jamais encontrariam. Professores eminentes, poetas inspirados e jornalistas influentes mobilizaram seus talentos para convencer quem quisesse ouvir de que os tiranos modernos eram libertadores e seus absurdos crimes eram nobres, se vistos da devida perspectiva. Quem tomar para si a tarefa de escrever uma história intelectual honesta da Europa no século XX precisa de um estômago muito forte.

Mas também vai precisar de algo mais. Terá de superar a própria repulsa por tempo suficiente para refletir sobre as raízes desse estranho e intrigante fenômeno. Que pode haver na mente humana que tornou possível a defesa intelectual da tirania no século XX? Como foi que a tradição ocidental do pensamento político, iniciada com a crítica da tirania por Platão na *República* e suas malsucedidas viagens a Siracusa, chegou ao ponto em que se tornou respeitável sustentar que a tirania era boa, e até bela? Nosso historiador terá de levantar essas questões mais amplas, pois se verá diante de um fenômeno geral, e não de casos isolados de comportamento extravagante. O caso de Heidegger é apenas o exemplo mais dramático no século XX de como a filosofia, o amor à sabedoria, decaiu para a filotirania.

Mas por onde começar? O primeiro reflexo do nosso historiador será dar uma olhada na história das ideias, no pressuposto de que a filotirania intelectual e as modernas práticas tirânicas têm raízes intelectuais comuns. Encontrará muitas investigações eruditas sobre as origens do moderno pensamento político que compartilham desse pressuposto, compartilhando também de uma abordagem, que consiste em dividir a tradição intelectual europeia em tendências rivais, para em seguida considerar uma delas como filotirânica. Um dos alvos favoritos desses estudos é o Iluminismo, que desde o século XIX tem sido com frequência apresentado como um movimento que arrancou as intrincadas raízes da sociedade europeia do solo calcário da religião e da tradição cristãs, estimulando experiências egoístas de remodelagem da sociedade em função de simples ideias de ordem racional.

De acordo com essa imagem, o Iluminismo não só deu origem a tiranias como era tirânico em seus próprios métodos intelectuais — absolutista, determinista, inflexível, intolerante, insensível, arrogante, cego. Essa coleção de adjetivos é extraída dos escritos de Isaiah Berlin, que numa série de ensaios notavelmente sugestivos sobre a história intelectual, escritos nas décadas do pós-guerra, levantou a tese mais sofisticada até então de responsabilização dos *philosophes* pela teoria e pela prática da moderna tirania. A principal preocupação de Berlin era a hostilidade à diversidade e ao pluralismo que identificou numa importante corrente da tradição ocidental que tinha início em Platão e culminava intelectualmente no Iluminismo, para em seguida dar frutos políticos no totalitarismo do século XX. Os pressupostos básicos dessa corrente de pensamento eram que todas as questões morais e políticas têm uma única resposta verdadeira, que é possível ter acesso a essas respostas por meio da razão e que todas as verdades são necessariamente compatíveis umas com as outras. Com base nesses pressupostos foram construídos e defendidos os gulags e os campos da morte. Foi o Iluminismo que forneceu, nas palavras de Berlin, o ideal "pelo qual mais seres humanos se sacrificaram, em nossa época, e sacrificaram a outros do que, talvez, por qualquer outra causa na história da humanidade".

Parece uma história convincente. O problema com ela, como sem dúvida verá nosso historiador, é que entra em conflito com outra história aparentemente convincente contada por historiadores da vida intelectual que chega a um veredito bem diferente sobre a responsabilidade intelectual pela tirania moderna. Esta segunda história centra-se mais nos impulsos religiosos que nos conceitos filosóficos, na força da irracionalidade na vida humana, e não nas pretensões da razão; apresenta, seria o caso de dizer, a história intelectual como Dostoievski poderia tê-la escrito, e não Rousseau. Nas décadas imediatamente posteriores à Segunda Guerra Mundial, muita atenção foi dedicada ao irracionalismo religioso por historiadores ocidentais que perceberam uma ligação entre a teoria e a prática da tirania moderna e fenômenos religiosos como o misticismo, o messianismo, o milenarismo, o cabalismo e o pensamento apocalíptico de modo geral. O que viam em ação na mente de revolucionários e comissários era uma velha ânsia irracional de acelerar o advento do Reino de Deus num mundo profano. Em seu livro

A SEDUÇÃO DE SIRACUSA 173

Na senda do milênio (1957), Norman Cohn lançou sólidas bases históricas para essa abordagem. Ele demonstrou como foram importantes as explosões de milenarismo revolucionário e anarquismo místico na Europa entre os séculos XI e XVI, em seguida estabelecendo paralelos entre as fantasias escatológicas desse período e as do século XX.

Em seus estudos *As origens da democracia totalitária* (1952) e *Messianismo político* (1960), o historiador israelense Jacob Talmon aproximou essa abordagem do presente, sustentando, de encontro a Isaiah Berlin, que a característica mais importante do pensamento político europeu nos séculos XVIII e XIX não foi o racionalismo, que poderia tê-lo levado numa direção liberal, mas o novo fervor religioso e as expectativas messiânicas de que se impregnaram as modernas ideias democráticas. No frenesi da Revolução Francesa, a razão deixara de ser razoável e a democracia se tornara um *ersatz* de religião para homens modernos desprovidos da fé tradicional no além. Só nesses termos religiosos, pensava Talmon, podemos entender de que maneira o ideal democrático moderno tornou-se no século XX um sangrento sonho tirânico.

Outra história aparentemente convincente. Mas qual dessas duas histórias nosso historiador decidirá contar? Se ele for como a maioria dos historiadores, isso poderá depender dos aspectos intelectuais e políticos da tirania moderna que sejam por ele considerados merecedores da nossa atenção. Se quiser entender exclusivamente a brutalidade do "planejamento" soviético, a pavorosa eficiência do programa nazista de extermínio dos judeus, a metódica autodestruição do Camboja, os programas de doutrinação ideológica, as redes paranoicas de informantes e polícia secreta — se quiser explicar como essas práticas tirânicas foram concebidas e defendidas, ele poderá sentir-se tentado a culpar um racionalismo intelectual sem alma que tudo esmagava em seu caminho. Por outro lado, se ficar impressionado com o papel desempenhado na moderna tirania pela idolatria do sangue e do solo, pela histérica obsessão com as categorias raciais, pela glorificação da violência revolucionária como força purificadora e pelos orgiásticos comícios de massa, será tentado a dizer que a razão entrou em colapso antes

174 A MENTE IMPRUDENTE

das paixões irracionais que migraram da religião para a política. E se nosso historiador for ainda mais ambicioso, querendo explicar ambos os tipos de fenômenos? Neste caso, terá de abandonar a história das ideias.

Mas há uma outra maneira de investigar a filotirania. E ela consiste em examinar a história social dos intelectuais na vida política europeia, em vez da história das ideias que sustentavam. Também aqui encontramos relatos que apresentam explicações plausíveis da filotirania no século XX. A história mais popular é extraída da experiência francesa. Tem início com o Caso Dreyfus, universalmente considerado como responsável pela expulsão dos intelectuais franceses da clareira da *l'art pour l'art*, alertando-os para sua alta responsabilidade como vigias morais do Estado moderno. Os capítulos seguintes podem ser recitados por qualquer escolar francês: os conflitos entre dreyfusards republicanos e seus adversários católico-nacionalistas; as divisões em torno da Revolução Russa e da Frente Popular depois da Primeira Guerra Mundial; as acomodações intelectuais e políticas de Vichy; o domínio do marxismo existencial de Sartre depois da guerra; as agudas divisões entre intelectuais a respeito da Argélia; a revivescência do radicalismo de esquerda depois de maio de 1968; a *crise de conscience* depois da publicação de *Arquipélago Gulag* de Soljenitsin na década de 1970; e o desenvolvimento de um consenso liberal-republicano nos anos Mitterrand.

Mas as morais extraídas dessa história diferem, dependendo das inclinações políticas do narrador. Contada por Jean-Paul Sartre, a história tornou-se um mito heroico sobre a ascensão do solitário intelectual "engajado" que afirmava sua "singular universalidade" frente à ideologia dominante da sociedade burguesa e aos sistemas tirânicos que ela havia originado na Europa (o fascismo) e fora dela (o colonialismo). Em seu influente *Em defesa dos intelectuais*, reunindo textos de conferências pronunciadas em 1965, Sartre apresentava o intelectual como uma Joana d'Arc de esquerda que se posiciona pelo que é essencialmente humano, contra as forças desumanas do "poder" econômico e político, e também contra aquelas forças culturais reacionárias, entre elas escritores traidores, cuja ação apoia "objetivamente" o tirano moderno.

A SEDUÇÃO DE SIRACUSA

Para seu adversário Raymond Aron, era exatamente essa oposição simplista entre "humanidade" e "poder" que evidenciava a incapacidade dos intelectuais franceses desde o Caso Dreyfus de entender os verdadeiros desafios da política europeia no século XX. Na visão de Aron, não foi mero acidente, tendo sido na realidade perfeitamente previsível, que o ideal romântico de engajamento alimentado por Sartre viesse a transformá-lo num cruel apologista do stalinismo na década que se seguiu à Segunda Guerra Mundial. Em *O ópio dos intelectuais* (1955), Aron contou de novo a história da ascensão do intelectual moderno, mas com um objetivo decididamente antimítico, demonstrando o quanto os intelectuais, como classe, tinham sido incompetentes e ingênuos quando se tratava de questões políticas sérias. Para ele, a verdadeira responsabilidade dos intelectuais europeus depois da guerra era aplicar seus conhecimentos especializados à política liberal-democrática, preservando um senso de proporção moral na avaliação comparativa das injustiças dos diferentes sistemas políticos — em suma, ser espectadores independentes com um senso modesto do seu próprio papel como cidadãos e formadores de opinião. Sartre e seus seguidores não aceitavam esse tipo de responsabilidade.

Aron tinha razão: na França, foram os intelectuais românticos "engajados" que serviram à causa da tirania no século XX. Mas na Alemanha, que Aron conhecia excepcionalmente bem, o quadro era muito diferente. Lá, justamente, o problema era a falta de engajamento político. Por uma série de razões que são discutidas por seus historiadores — a tradição de descentralização política, a ausência de uma capital cultural, o ideal da introspecção espiritual (*Innerlichkeit*), a autonomia do sistema universitário, o conservadorismo inato e o respeito pela autoridade militar —, a Alemanha nunca desenvolveu uma classe intelectual à maneira francesa, e, em consequência, a questão do engajamento político não se manifestou do mesmo modo. A leste do Reno, no século XIX e no início do século XX, partia-se do princípio de que os professores se engajavam numa *Wissenschaft* atemporal no isolamento da universidade, de que os escritores estavam em busca de uma *Bildung* particular ao escrever suas obras e de que só os jornalistas ousavam escrever sobre política, mas não eram dignos de confiança.

Tratava-se de um mito, naturalmente, mas de um mito muito atraente na moderna cultura alemã. E onde ele fica mais evidente é nas *Reflexões de um homem apolítico* (1918), de Thomas Mann, obra intensamente pessoal que também foi a mais ferozmente política do autor. Escolhendo como alvo seu irmão de esquerda, Heinrich, Mann tentou atingir as pretensões do *Zivilisationsliterat* francês, com seu apego infantil à democracia e ao esclarecimento popular. Mann defendia a tradição da *Innerlichkeit* alemã em termos estéticos e políticos. "A tradição alemã", escreveu,

> é cultura, alma, liberdade, arte e não civilização, sociedade, direitos de voto e literatura. [...] Em oposição à *raison* e ao *esprit* franceses está a *Innerlichkeit* alemã, assegurando que os alemães jamais elevem os problemas sociais acima dos problemas morais, acima da experiência íntima.

E, no entanto, ele próprio sabia, e viria mais tarde a lamentar, que sua posição "apolítica" de princípios continha um grande significado político, servindo de justificativa *post hoc* aos objetivos alemães na Primeira Guerra Mundial e estimulando a visão popular de que a paz de Versalhes fora um ato de guerra cultural. "Esse espírito político que é antialemão intelectualmente", escreveu, "é por necessidade lógica antialemão politicamente".

Não era a primeira vez que um intelectual alemão "apolítico" fazia uma desastrosa estreia na política. Na fundação do Reich em 1871, ao estourar a guerra em agosto de 1914 e mais uma vez na Walpurgisnacht de 1933, muitos eminentes professores e escritores alemães se envolveram de maneira tola e ignorante na política, fosse sob a alegação paradoxal de defender a tradição "apolítica" alemã ou por um súbito e ingênuo interesse pela política, cujos métodos e caminhos nem de longe eram capazes de entender (a começar por Heidegger). Em sua maioria, concluíram que essas incursões na política haviam sido um equívoco e rapidamente trataram de voltar a seus estudos e laboratórios.

O filósofo Jürgen Habermas, numa série de escritos importantes no pós-guerra sobre a situação política e cultural da Alemanha, afirmava que

A SEDUÇÃO DE SIRACUSA 177

esta era exatamente a lição equivocada a ser extraída desses erros. Ao se distanciarem por princípio da política moderna, os escritores e pensadores alemães desde o início do século XIX se haviam acostumado a viver num mundo intelectual mítico governado por fantasias sobre a Hélade ou as florestas teutônicas, fantasias que faziam a tirania nazista ficar parecendo a alguns deles o início da regeneração espiritual e cultural. Na visão de Habermas, só descendo das montanhas mágicas da *Wissenschaft* e da *Bildung* para as planícies do discurso político democrático poderiam os intelectuais alemães ter sido inoculados contra essa tentação tirânica, e caso o tivessem feito talvez pudessem ter contribuído para a construção da esfera pública aberta de que a Alemanha precisava — cultural e politicamente.

A argumentação de Habermas parece convincente. Mas se ele tem razão ao atribuir a culpa pela filotirania ao desengajamento político, e se Aron tem razão ao denunciar o engajamento político cego na França, onde fica nosso pobre historiador? Evidentemente, nenhuma das duas explicações faz sentido para a Europa do século XX como um todo. Parece que, assim como nem o "racionalismo" nem o "irracionalismo" na história das ideias podem explicar a teoria e a prática da tirania moderna, tanto o "engajamento" quanto o "desengajamento" na história social dos intelectuais são incapazes de nos levar ao cerne da questão. Todas essas atitudes e tendências evidentemente tiveram participação na história europeia, fosse como causas ou efeitos próximos, mas nenhuma delas nos diz por que a filotirania intelectual vem a se manifestar. A esta altura, nosso historiador, se ainda estiver conosco, pode começar a perder as esperanças. Talvez comece a se perguntar se a resposta à sua pergunta histórica deve ser encontrada na história ou buscada em algum outro lugar. Seria uma pergunta produtiva, pois poderia estimulá-lo a examinar a velha história de Platão, Díon e Dionísio de outro ângulo, em busca de pistas sobre as forças mais profundas que atraem a mente para a tirania.

O fato mais interessante sobre o jovem Dionísio era ser ele um intelectual. Pode ter sido o primeiro tirano com pretensões dessa natureza, mas certamente não foi o último. Hoje, em certos recantos de livrarias europeias de tendências esquerdistas, ainda encontramos exemplares das obras reunidas de Lenin, Mao e até Stalin que não despertam mais interesse, tendo sido traduzidas pelos departamentos de propaganda do mundo comunista e publicadas por organizações de fachada no Ocidente. Pode parecer-nos inconcebível hoje em dia que alguém acaso sentisse necessidade de consultar tais obras, ou mesmo de escrevê-las. Mas duvido de que Platão ou Díon tivessem pensado assim. A julgar por seus atos em Siracusa, eles entendiam que os anseios intelectuais de Dionísio tinham alguma relação importante com suas ambições políticas tirânicas — donde a esperança de que, operando uma transformação naqueles, pudessem indiretamente moderar estas. O que, no entanto, se revelou impossível. Dionísio continuou sendo um glutão descomedido de ideias de segunda e terceira mão, que regurgitava em obras escritas reciclando o pensamento de Platão. Mas se Platão e Díon se equivocavam em suas expectativas, eles não estavam necessariamente errados em seus pressupostos sobre a força psicológica que atrai certos homens para a tirania. Platão acreditava tratar-se da mesma força que atrai outros homens para a filosofia.

Essa força é o amor, eros. Para Platão, ser humano é ser uma criatura de aspirações, alguém que não vive apenas para atender às suas necessidades mais básicas, sendo de alguma forma impulsionado a expandir e às vezes elevar essas necessidades, que por sua vez se tornam novos objetos de aspiração. Por que os seres humanos se "esticam" dessa maneira? Para Platão, é uma questão psicológica profunda, à qual os personagens dos seus diálogos oferecem muitas respostas diferentes. Talvez a mais encantadora seja a que é dada por Diotima e relatada por Sócrates no *Simpósio*, segundo a qual "todos os homens são grávidos tanto no que diz respeito ao corpo quanto à alma". Somos, ou pelo menos assim nos sentimos, criaturas incompletas e incapazes de descansar enquanto não tornarmos real um certo potencial que sentimos lá dentro, enquanto não formos capazes de "procriar no belo", como diz ela. Esse anseio, esse eros, é encontrado em todos os nossos desejos bons e saudáveis, os desejos da carne e os da alma; algumas pessoas vivenciam sobretudo aqueles e se satisfazem com seu corpo, ao passo que as que têm uma alma cheia de desejo se tornam filósofos, poetas ou se envolvem com "o correto ordenamento das cidades e dos lares" — vale dizer, com a política no mais alto sentido. Onde quer que vejamos atividade humana para o bem, diz Diotima a Sócrates, haverá traços de eros.

Mas e a atividade voltada para o que é mau para nós ou para os outros — a embriaguez, por exemplo, ou a crueldade? Também seriam movidas pelo eros? No *Fedro*, Platão nos leva a pensar assim quando Sócrates apresenta uma famosa imagem da alma na qual ela aparece como uma dupla de cavalos alados movidos por um cocheiro. Um desses cavalos seria nobre, sentindo-se atraído pelo que é eterno e verdadeiro, ao passo que o outro é um brutamontes, carente de controle e incapaz de distinguir as coisas elevadas das baixas; ele quer todas elas. Se o cavalo rude é mais forte que o nobre, comenta Sócrates, a alma ficará perto da Terra, mas, se o cavalo nobre é mais forte, ou o cocheiro se mostra capaz de ajudá-lo, a alma se eleva, aproximando-se da verdade eterna. Todas as almas — e, portanto, todos os tipos humanos — podem ser encontradas em algum lugar nesse caminho celestial, algumas mais próximas da Terra, outras, do Céu, dependendo de como os cavalos eróticos tenham viajado. Sócrates descreve nove almas assim, sendo a mais elevada a dos filósofos e poetas, e pertencendo a mais baixa ao tirano.

O amor quer o bem, mas também pode involuntariamente servir ao mal, explica Sócrates. Isto porque o amor induz à loucura, um delicioso tipo de loucura que temos dificuldade de controlar, quer estejamos apaixonados por outro ser humano ou por uma ideia. Mas só é possível alcançar a mais alta felicidade se essa loucura de fato for controlada e nos mantivermos no controle da nossa alma, mesmo sendo puxados para cima por eros. Esse autocontrole diante do amor é o que a vida filosófica pretende oferecer. Tal como pintada por Platão, a vida filosófica não é uma vida de renúncia budista, mas uma vida erótica controlada que espera alcançar o que o amor inconscientemente busca: a verdade eterna, a justiça, a beleza, a sabedoria. Poucos são capazes de levar essa vida, e a maioria daqueles que não o são haverá de gratificar suas aspirações de maneiras previsíveis, levando vidas medianas. Outros, contudo, tornam-se absolutos escravos dos impulsos, e nada poderá controlá-los. A estes refere-se Platão como tiranos. Na *República*, o personagem Sócrates descreve a alma tirânica como uma alma na qual a loucura do amor — "o amor desde tempos imemoriais é chamado tirano" — expulsa toda moderação e se posiciona como governante, transformando a própria alma numa "tirania estabelecida pelo amor". O filósofo também conhece a loucura do amor, o amor da sabedoria, mas não abre mão da própria alma em nome dele; mantém-se no controle, governando a si mesmo. O homem tirânico é a imagem invertida do filósofo: ele não é o governante das próprias aspirações e desejos, e sim um homem possuído pela loucura do amor, escravo de suas aspirações e desejos, e não seu governante.

À medida que se desdobra a conversa na *República*, ficamos sabendo que existe uma ligação entre a tirania na mente e a tirania na vida política. Certas almas tirânicas tornam-se governantes de cidades e nações; quando isto acontece, povos inteiros são subjugados pela loucura erótica dos governantes. Mas esses tiranos são raros, e seu controle do poder é fraco. Existe uma outra classe de almas tirânicas levadas em consideração por Sócrates, um tipo mais comum, o dos que entram na vida política não como governantes, mas como professores, oradores, poetas — aqueles que hoje seriam conhecidos como intelectuais. Esses homens podem ser perigosos, pois foram "bronzeados" pelas ideias. Como Dionísio, esse tipo de intelectual encara, apaixonado, a vida da mente, mas, ao contrário do filósofo, não é capaz de controlar essa paixão; ele mergulha de cabeça no debate político, escrevendo livros, fazendo discursos, oferecendo conselhos, num frenesi de atividades que não chega propriamente a mascarar sua incompetência e irresponsabilidade. Esses homens se consideram espíritos independentes, quando a verdade é que formam um rebanho movido por seus demônios internos e sedento da aprovação de um público inconstante. Os que lhes dão ouvidos, geralmente os jovens, podem sentir o ardor da paixão; este sentimento depõe a seu favor, pois devidamente canalizado pode cobri-los de honra e levar justiça a suas cidades. Mas eles precisam de uma educação em matéria de autocontrole intelectual se quiserem voltar essa paixão exclusivamente para bom uso.

Sócrates entende isso. Mas esses intelectuais carecem da sua humildade e do seu desvelo pedagógico; constroem sua reputação sobre a excitação das paixões, e não sua canalização. Sócrates considera que esses intelectuais desempenham um papel importante no encaminhamento das democracias para a tirania, ao agitar a mente dos jovens a um frenesi, até que alguns deles, talvez os mais brilhantes e corajosos, dão o passo do pensamento à ação e tentam realizar suas ambições tirânicas na política. E então, gratificados por verem suas ideias surtirem efeito, esses intelectuais tornam-se os servis bajuladores do tirano, compondo "hinos à tirania" após sua chegada ao poder.

Sócrates introduz na *República* a exorbitante ideia dos reis-filósofos para sacudir seus interlocutores em sua complacência na avaliação dessa relação entre intelectuais e tiranos. O rei-filósofo, se viesse a existir, eliminaria ambos. O rei-filósofo é um "ideal", não no sentido moderno de um objeto legítimo de pensamento exigindo realização, mas o que Sócrates chama de um "sonho" que serve para nos lembrar como é improvável que a vida filosófica e as demandas da política possam convergir. Reformar uma tirania pode não estar ao nosso alcance, mas o exercício do autocontrole intelectual sempre está. É por isso que a primeira responsabilidade de um filósofo que se vê cercado de corrupção política e intelectual pode ser retirar-se. Na *República*, Sócrates compara o destino de um verdadeiro filósofo numa cidade imperfeita a "um ser humano que caiu entre animais selvagens e não se dispõe a se juntar a eles na prática da injustiça nem é suficiente, como único homem, para resistir a todos os animais". Levando tudo isso em consideração, ele se mantém

> tranquilo e cuida do que é seu — como um homem na tempestade, quando a poeira e a chuva são sopradas pelo vento, mantém-se à parte sob a proteção de um pequeno muro. Vendo os outros mergulhados na anarquia, ele fica satisfeito se de alguma forma pode levar sua vida aqui livre da injustiça e de atos ímpios, para dela se despedir com elegância e alegria na justa esperança.

Significa isso que Platão imaginava a vida filosófica como uma vida de total desengajamento? Dificilmente. Depois de pronunciar seu discurso sobre o filósofo na tempestade de vento, o personagem Sócrates acrescenta que um homem assim não leva a melhor das vidas, pois só numa boa cidade "poderá ele crescer mais e salvar as coisas comuns juntamente com as privadas". E, como sabemos, na vida real Sócrates foi morto por combater a tirania, não em suas manifestações políticas explícitas, mas em sua origem psicológica na mente humana. A vida filosófica representada pela vida do próprio Sócrates era, acima de tudo, uma vida antitirânica, a mais nobre delas, por ser supremamente consciente de suas próprias inclinações tirânicas.

Essa autoconsciência é o que distingue o comportamento de Platão e Díon em Siracusa do comportamento dos intelectuais filotirânicos na Europa do século XX. Como Platão e Díon seguiram o exemplo de Sócrates e arrancaram a tirania pela raiz em suas próprias almas, puderam entender a natureza do governo de Dionísio e estavam com a razão ao tentar livrar Siracusa de sua tirania. Ambos esperavam que, como intelectual, Dionísio pudesse ser conduzido para a filosofia e levado a enxergar a injustiça de seus atos e a tolice dos seus escritos. Esperavam combater a tirania com a palavra, e não com a espada. Fracassaram, e, embora mais adiante seus caminhos se separassem, retornando Platão a Atenas e Díon seguindo para o campo de batalha, Platão defendeu as duas iniciativas. Reconheceu que, como cidadão de Siracusa que amava sua pátria, Díon pode ter-se deixado enganar por suas esperanças quanto às chances de converter Dionísio e também que ele se sentiu obrigado a tomar armas uma vez fracassados seus esforços. Mas Platão tinha confiança em que Díon tudo fizera sem permitir que a tirania que combatia entrasse em sua própria alma. Não há vergonha no fracasso ou na morte em política, desde que se permaneça livre dessa tirania. Dionísio jamais seria capaz de entender esse princípio simples. Ele sobreviveu, mas vivendo na desonra, enquanto Díon teve morte gloriosa, leal à verdade e à sua cidade. "Pois ir ao encontro do que quer que o destino envie na tentativa de alcançar o mais elevado para si mesmo e para o próprio país é perfeitamente certo e glorioso", conclui Platão, na avaliação final da vida do amigo.

A SEDUÇÃO DE SIRACUSA

O fascínio de Siracusa é forte para qualquer homem ou mulher pensante, e assim deveria ser mesmo. Não é preciso aceitar o narcisista mito sartriano do intelectual como herói para ver o que Platão viu há muito tempo: que existe alguma ligação na mente humana entre o anseio pela verdade e o desejo de contribuir para o "correto ordenamento das cidades e dos lares". Mas, exatamente por reconhecer essa necessidade como *necessidade* — um impulso que pode tornar-se uma paixão imprudente —, Platão mantinha-se atento a seu potencial destrutivo e preocupado em canalizá-la para uma vida intelectual e política saudável. Somos tentados a dizer que é essa suprema autoconsciência a respeito da maneira como a mente lida com as ideias que distingue basicamente o filósofo no sentido platônico de tantos intelectuais modernos. E é essa mesma autoconsciência que seria sensato adquirir ao pensarmos sobre a filotirania no século XX e aprendermos sobre ela.

É difícil pensar num século na história europeia mais destinado que o último a agitar as paixões da mente pensante e levá-la ao desastre político. As doutrinas do comunismo e do fascismo, do marxismo em todas as suas permutações barrocas, do nacionalismo, do terceiro-mundismo — muitas inspiradas pelo ódio à tirania, todas capazes de inspirar tiranos cheios de ódio e cegar intelectuais para seus crimes. É possível conceber essas tendências como parte de uma grande narrativa histórica à qual possa ser atribuída alguma força externa, movendo tanto os acontecimentos quanto suas interpretações. Mas, por mais que reflitamos sobre essas forças, ainda estamos longe de apreender as lutas íntimas que os intelectuais europeus tinham com elas e os muitos artifícios que empregaram para preservar suas ilusões.

Lendo hoje suas obras e nos esforçando para entender seus atos, precisamos ir além da nossa íntima repulsa e confrontar as forças internas mais profundas em ação na mente filotirânica — e, potencialmente, na nossa também. As ideologias do século XX apelavam para a vaidade e a pura e simples ambição de certos intelectuais, mas também apelavam, de maneira maliciosa e desonesta, para o senso de justiça e ódio ao despotismo que o próprio ato de pensar parece inculcar em nós, e que, não sendo devidamente controlado, pode literalmente nos possuir. Para os possuídos, as exortações à moderação e ao ceticismo parecerão covardes e pusilânimes, e por isto os raros intelectuais europeus que convocavam essas qualidades — Aron era um deles — tornavam-se alvo de abomináveis ataques, como traidores da sua missão. Esses homens podiam não ser filósofos no sentido clássico, mas de fato possuíam o sangue-frio intelectual e político que, segundo Platão, distinguia o verdadeiro filósofo do intelectual irresponsável.

Os casos excepcionais não fazem a lei, decretaram os juízes. Talvez então devêssemos desviar o olhar dos erros políticos dos intelectuais europeus e tentar entendê-los à luz das circunstâncias extremas do século XX, na esperança de dias mais tranquilos pela frente. Nosso historiador pode sentir fortemente essa tentação. Mas seria um equívoco ceder a ela. A tirania não morreu, nem na política nem certamente em nossa alma. A época das ideologias mestras pode ter passado, mas enquanto homens e mulheres pensarem sobre política — enquanto simplesmente houver homens e mulheres pensantes — estará presente a tentação de sucumbir à sedução de uma ideia, permitir que a paixão por ela nos cegue para seu potencial tirânico e abdicar da nossa primeira responsabilidade, que é dominar o tirano interno.

Os acontecimentos do século passado representaram apenas oportunidades para extraordinárias manifestações de filotirania intelectual, cujas origens não desaparecerão em circunstâncias políticas menos extremas, pois fazem parte da constituição da nossa alma. Se nosso historiador realmente quiser entender a *trahison des clercs*, é para lá que também deverá voltar seu olhar: para dentro de si.

Posfácio

Sola fide

A MENTE IMPRUDENTE foi publicado nos Estados Unidos no dia 9 de setembro de 2001, dois dias antes dos atentados da al-Qaeda em Nova York e Washington. De uma forma que eu não poderia ter previsto, o livro marcava o fim de uma era.

A década transcorrida entre a queda do Muro de Berlim e a queda das Torres Gêmeas foi um período de introspecção e autossatisfação, qualidades em certa medida presentes neste livro. Ninguém previra o rápido colapso do império soviético, nem a não menos rápida volta da Europa Oriental à democracia constitucional, ou o recuo dos movimentos revolucionários há muito apoiados por Moscou. Perante o inesperado, os intelectuais ocidentais começaram, inusitadamente, a pensar grande. Seria "o fim da história"? "O que resta da esquerda?" Foi nesse espírito que eu comecei a traçar retratos de pensadores europeus do século XX e do seu engajamento político. Era a minha maneira de rememorar uma longa era ideológica. Mas eu não compartilhava a convicção de alguns de que a própria ideologia estava fadada a desaparecer, ou de que a política "normal" fosse agora o nosso horizonte. Futuros historiadores certamente observarão que na época intelectuais e políticos falavam livremente de "transições para a democracia", como se estivesse em curso um processo tão natural quanto a queda d'água num penhasco. Já ruborizamos só de pensar nisso.

Os dramáticos acontecimentos do 11 de setembro puseram fim abruptamente à década de 1990, passando ao seu redor um cordão de isolamento intelectual. A vida teve prosseguimento no novo século, e nosso pensamento tornou-se pequeno de novo. A atenção da Europa voltou-se para a construção de uma mal definida União Europeia. A atenção dos Estados Unidos voltou--se para o combate ao islamismo político e a fantasia das mudanças de regime por controle remoto. E a atenção do mundo inteiro voltou-se para o estudo da economia e da gestão dos negócios, na expectativa de tirar proveito da globalização. E assim, por estas e outras razões, esquecemos completamente a velha era das ideologias. O que parecia uma excelente coisa.

Até que a história saiu do script. O colapso do império soviético e a "terapia de choque" econômica deixaram no seu rastro algumas democracias frágeis, mas também oligarquias e cleptocracias com inovadoras ferramentas de repressão à disposição. A China trouxe de volta o mercantilismo despótico, com grande sucesso, pelo menos economicamente. Conflitos tribais, clânicos e sectários mostraram como as coisas haviam mudado pouco nos Estados pós-coloniais da África e do Oriente Médio. A Primavera Árabe veio e se foi. E muitas das mais velhas democracias do mundo, com seus partidos tradicionais agora incapazes de mobilização, viram-se desafiadas do interior pelo populismo e o nacionalismo. A globalização econômica trouxe prosperidade para alguns, penúria para outros, e, como aprendemos na Grande Recessão, insegurança para todos. Para não falar da imigração maciça. A internet tornou-se uma força considerável nas vidas individuais, mas também nos negócios internacionais, fornecendo um meio para a propagação de uma nova ideologia transnacional conclamando a um retorno à Idade Média. Ninguém tampouco foi capaz de prever nada disso.

E ninguém dotado de lucidez hoje pode afirmar entendê-lo plenamente. Uma das consequências menos notadas do fim da Guerra Fria tem sido o vácuo de entendimento que deixou no seu rastro. Na pior das hipóteses, as velhas ideologias serviam para focar a mente. Com suas linhagens que podiam remontar a dois séculos, apresentavam retratos claros e opostos da realidade política, por mais distorcidos fossem, assim como programas de ação no seu interior. E não eram construções abstratas. Tinham raízes em tradições filosóficas e religiosas que remontavam muito antes, com entendi-

SOLA FIDE

mentos radicalmente diferentes da natureza humana e da história. Quando as ideologias modernas foram descartadas, também o foi uma conexão viva com essas tradições.

Agora estamos livres das velhas ilusões. Caberia esperar, portanto, que nossa situação se apresentasse mais fácil de entender e lidar. Na verdade, é exatamente o contrário que parece ocorrer. Nunca desde o fim da Segunda Guerra Mundial, e talvez desde a Revolução Russa, o pensamento político no Ocidente pareceu tão raso, tão sem rumo. Todos sentimos que mudanças ameaçadoras estão ocorrendo nas sociedades ocidentais, e também em outras sociedades cujos horizontes certamente haverão de moldar os nossos. Mas carecemos de conceitos adequados e até de vocabulário para descrever o mundo em que agora nos vemos. Ainda mais preocupante, carecemos da consciência dessa carência. Uma nuvem de deliberada ignorância parece pairar sobre nossa vida intelectual. É este, ao que me parece, o desdobramento mais significativo desde a publicação de *A mente imprudente*, e a primeira coisa que precisamos entender sobre o presente.

As ideologias de nada servem se não forem ambiciosas. Elas funcionam mantendo-nos em suas malhas com imagens da realidade que ao mesmo tempo a explicam e nos motivam a agir. As ideologias políticas decorrentes da Revolução Francesa eram particularmente potentes por virem acompanhadas de imagens em movimento que também mostravam de que maneira o presente surgia de um passado compreensível e avançava em direção a um futuro inteligível. Duas grandiosas narrativas históricas surgiram depois da Revolução e até bem recentemente preservaram seu poder sobre a imaginação dos povos de todo o mundo.

A esquerda revolucionária contava a história de como a massa da humanidade fora oprimida durante milênios por classes dominantes, por meio da religião, da hierarquia, da propriedade e da falsa consciência. O Iluminismo e a Revolução trouxeram a boa-nova da iminente libertação. Mas não se seguiu imediatamente a redenção. Assim como os seguidores de Jesus tiveram algum trabalho teológico a desenvolver quando sua volta começou a ser adiada, a esquerda também precisou desenvolver nos séculos XIX e

XX uma apologética ideológica para explicar a decepção histórica e manter acesas as esperanças. Ela explicava que, embora a Revolução Francesa de fato tivesse mergulhado no Terror e no despotismo napoleônico, também abriu caminho para as revoluções pan-europeias de 1848. Estas tiveram vida curta, mas inspiraram a Comuna de Paris, que durou apenas alguns meses, e, ainda assim, deu o exemplo para a Revolução de Outubro de 1917. É verdade que esta foi seguida pela Revolução de Novembro, e depois por Stalin e seu Terror. Mas, depois da Segunda Guerra Mundial, a peregrinação da revolução foi dar na China e no terceiro mundo, globalizando a luta contra o capitalismo e o imperialismo. E então veio o Camboja. E, depois, silêncio.

A direita contrarrevolucionária na Europa não tinha como oferecer uma narrativa ideológica nem de longe gloriosa como a da esquerda. Formada na reação e sob pressão, ela era obscura e menos inspiradora. Mas em momentos de crise podia ser bem convincente. Focava no Iluminismo, culpando os textos dos filósofos pela destruição da tradição e da fé religiosa. O Terror teria sido um resultado inevitável. Mas as forças da reação também soaram alarmes sobre todas as demais revoluções que ocorriam nos séculos XIX e XX. Cidades inchadas tomavam o lugar de aldeias e propriedades rurais, fábricas substituíam fazendas, escolas seculares tiravam o lugar das religiosas, industriais de barba por fazer ocupavam o espaço de duques e condes, e os camponeses se transformavam em massa indiferenciada de trabalhadores brutalizados. A chamada era do progresso também era uma época de medo, angústia e ressentimento. Uma nova e brutal direita apocalíptica emergiu dela na Europa, profetizando que a Grande Tribulação tinha começado e o juízo final estava para chegar. E quando a improvável Revolução Russa alcançou êxito, e tudo mais parecia entrar em colapso, milhões se voltaram para os novos messias, erguendo os braços em saudação.

Falar dessas questões nesses termos já é invocar um mundo perdido. Tentar transmitir a jovens estudantes o portentoso drama da vida política e intelectual entre 1789 e 1989 é sentir-se como um poeta cego entoando loas à Atlântida perdida. O fascismo para eles é "o mal radical"; logo, incompreensível. Como pode ter surgido e por que atraía milhões é algo que

SOLA FIDE 191

permanece um mistério. O comunismo também não faz muito sentido, especialmente a fé que as pessoas depositavam na União Soviética, o que quer que fosse aquilo. A história que eu tenho contado não é a história deles, e eles o sabem. Mas ninguém lhes ofereceu outra.

A leitura dos retratos traçados em *A mente imprudente* poderia fazer pensar que isto é uma bênção. Certamente não há motivos para sentir saudades das velhas ideologias e dos seus jesuítas. Mas isto não significa que os problemas de que tratavam fossem imaginários ou estivessem além do entendimento humano. Cabia resistir aos portentosos sistemas porque no fim das contas eram inadequados para a missão que abraçavam, e não porque sua ambição fosse totalmente equivocada. Seu fracasso revelava a necessidade de uma ambição mais exigente: entender o presente sem auto-engano. Ele não significava que a vontade de lhe conferir sentido fosse vã.[1]

Mas essa vontade inegavelmente definhou desde a publicação do livro. Foi substituída por um dogma brando para o qual não temos nome adequado. Esse dogma começa com princípios liberais básicos como o caráter sagrado do indivíduo, a prioridade da liberdade e a desconfiança em relação à autoridade pública, e não vai além disso. É politicamente democrático, mas carece de consciência das fraquezas da democracia e da maneira como podem causar hostilidade e ressentimento. Promove o crescimento econômico com fé irrefletida nos benefícios sem custo do livre comércio, da desregulamentação e do investimento estrangeiro. Como parte do princípio de que os indivíduos são tudo que importa, quase nada tem a dizer sobre as coletividades e seus empreendimentos, e os deveres que os acompanham. Tem um vocabulário para discutir

---

[1] Certos críticos de *A mente imprudente* chegaram exatamente a esta conclusão, e hoje vejo melhor por quê. Trata-se de uma coletânea de ensaios, e não de uma série de monografias, que só leva em consideração certos aspectos da obra de cada pensador e de seu engajamento político. O livro também ignora os incontáveis casos de intelectuais cujo pensamento não foi pervertido por seu engajamento político, ou vice-versa. Eu devia ter enfatizado mais que se trata de um livro sobre um problema específico, e não de uma condenação geral. O que digo sobre esses pensadores precisava ser dito. Mas de modo algum representava tudo que podia ser dito sobre eles.

direitos e identidades e sentimentos, mas não classe ou outras realidades sociais. (É significativo o fato de a raça ser hoje amplamente entendida como um problema de identidade individual, e não de horizonte coletivo exigindo sacrifício individual para alcançar um objetivo comum, como no movimento americano dos direitos civis.)

Esse dogma é ao mesmo tempo antipolítico e anti-intelectual. Não tem o menor gosto pela realidade, nem curiosidade sobre como chegamos aqui ou aonde estamos indo. Não precisa da sociologia ou da psicologia ou da história, para não falar da teoria política, já que não tem interesse pelas instituições nem nada a dizer sobre a necessária e produtiva tensão entre objetivos individuais e coletivos. Ele é a própria simplicidade. O que explica o fato de pessoas que têm pouco em comum poderem segui-lo e ao mesmo tempo tirar dele conclusões muito diferentes. Fundamentalistas do Estado mínimo na direita americana e anarquistas da esquerda europeia, libertários civis absolutistas e evangelistas neoliberais do livre mercado: as diferenças entre eles são superficiais. O que compartilham é uma mentalidade, um estado de espírito, uma presunção: o que costumava ser chamado, sem qualquer sentido pejorativo, de um preconceito.

As ideologias inspiram mentiras. Mas que é uma mentira? É uma falsa pretensão de dizer a verdade sobre o mundo, por isto traindo o reconhecimento de que as pessoas estão em busca dela. Os dogmas, por sua vez, inspiram ignorância e indiferença. Convencem de que uma única ideia ou princípio é sagrado, representando tudo que se precisa saber para agir no mundo. Sustentar uma ideologia dá trabalho, pois os acontecimentos políticos sempre põem em risco sua plausibilidade. Teorias precisam ser torcidas, revisões devem ser revistas, provas têm de ser explicadas ou descartadas. Como a ideologia faz afirmações sobre a maneira como o mundo de fato funciona, convida à refutação e a ela resiste. Um dogma, não. Ele mata a curiosidade e a ambição intelectual ao torná-las inúteis. Nosso credo irrefletido não é muito diferente da *sola fide* de Lutero: que a máxima liberdade seja concedida aos indivíduos sob todos os aspectos da vida, e estará tudo bem. Caso contrário, que *pereat mundus*.

SOLA FIDE

Uma ideologia dá às pessoas a ilusão de entender mais do que de fato entendem. Hoje, parecemos ter desistido de tentar entender o quanto podemos. Sofremos de um novo tipo de arrogância, diferente da arrogância dos velhos mestres do pensamento. Nossa arrogância é pensar que não precisamos mais pensar muito nem prestar atenção ou buscar ligações, que precisamos apenas aferrar-nos aos nossos "valores democráticos" e modelos econômicos e a nossa fé no indivíduo, e tudo estará bem. O fim da Guerra Fria destruiu os restos de confiança nas grandes ideologias modernas que acaso ainda restassem no Ocidente. Mas também nos deixou sem curiosidade e autocentrados. Nós abdicamos.

De modo que precisamos ser lembrados, de muitas coisas. Lembrados de que os problemas das democracias capitalistas hoje — o esvaziamento da classe média, a erosão da família e da comunidade, o ódio contra as elites, o eclipse dos partidos políticos, a generalizada indiferença pelo interesse público — não podem ser apreendidos ou tratados focando-se obstinada e exclusivamente nos indivíduos e seus direitos. Lembrados de que lidar com pessoas fora do nosso jardim encantado requer mais que tolerância e preocupação com os direitos humanos individuais. Lembrados de que precisamos de uma compreensão muito mais profunda de suas histórias e psicologias, livre da idealização e do medo, e atenta à explosiva força política do orgulho e do ressentimento. Lembrados, finalmente, de que a sedução da tirania não é a única força que tira os intelectuais do caminho. O autoengano assume incontáveis formas. Hoje, uma década e meia depois de publicado, minha esperança é que *A mente imprudente* ainda sirva como esse lembrete.

PARIS, JUNHO DE 2016

Agradecimentos

As primeiras versões dos capítulos I, II, III e VI e do Epílogo foram publicadas originalmente na *New York Review of Books*. As primeiras versões dos capítulos IV e V foram publicadas originalmente no *Times Literary Supplement*. Fica aqui registrada nossa gratidão pela autorização para reprodução.

Este livro foi composto na tipologia Minion Pro
Regular, em corpo 11/16, e impresso em
papel off-white no Sistema Cameron da
Divisão Gráfica da Distribuidora Record.